英国大学的质量文化与质量保障体系

Quality Culture and Quality Assurance System of Higher Education Institutions in UK

方鸿琴◎著

经济管理出版社
ECONOMY & MANAGEMENT PUBLISHING HOUSE

图书在版编目（CIP）数据

英国大学的质量文化与质量保障体系/方鸿琴著. —北京：经济管理出版社，2017.4
ISBN 978-7-5096-5124-7

Ⅰ.①英…　Ⅱ.①方…　Ⅲ.①高等教育—教育质量—保障体系—研究—英国
Ⅳ.①G649.561

中国版本图书馆 CIP 数据核字（2017）第 082393 号

组稿编辑：宋　娜
责任编辑：宋　娜　张　昕
责任印制：黄章平
责任校对：董杉珊

出版发行：经济管理出版社
　　　　　（北京市海淀区北蜂窝 8 号中雅大厦 A 座 11 层　100038）
网　　址：www. E-mp. com. cn
电　　话：（010）51915602
印　　刷：三河市延风印装有限公司
经　　销：新华书店
开　　本：720mm×1000mm/16
印　　张：13
字　　数：146 千字
版　　次：2017 年 4 月第 1 版　2017 年 4 月第 1 次印刷
书　　号：ISBN 978-7-5096-5124-7
定　　价：88.00 元

前　言

　　《国家中长期教育改革和发展规划纲要（2010~2020 年)》明确提出，"提高质量是高等教育发展的核心任务，是建设高等教育强国的基本要求"，要"健全教学质量保障体系，改进高校教学评估"。这一任务的提出切中了我国高等教育发展的现实需求。在此过程中，教学质量保障体系的建设应该对教学质量的保证与持续提升发挥积极的引领作用。

　　从世界范围高等教育质量保障的主流理论与实践来看，高校教学质量保障体系的建设需要整合内部和外部教学质量保障两个子系统，基于教学质量保障活动所需的工具开发、组织建设、程序与参照标准的制定等，开展系统的自我评价与外部评价，乃至构建更深层次的元评估机制，在高校内部培育质量文化，使之成为高校全体师生实现自我发展的核心动力，促使教学质量得到基本保证和持续提升。

　　英国作为欧洲高等教育发展的重要发源地之一，其高等教育向来以学风严谨、质量优良而闻名于世，该国的高等教育质量保障体系也在很大程度上受此影响，不断探索适合自身的有效发展模式。本书从英国大学文化的视角解析英国大学的质量保障体系。首先，全面系统地梳理了英国高等教育的历史沿革与发展现状。其次，对英国高等教育内部和外部教学质量保障体系的形成和发展进行了梳理，就其现状、改革趋势及效果进行了分析与评价，并对牛津大学的本科教学质量保障体系进行了个案研究。最后，对英国高等教育质量保障体系的特点进行了归纳总结，并对我国高等教育质量保障体系的建设提出了相关建议。

目　录

导　言

　　纵观世界，英国高等教育历史悠久且发展水平处于国际先进行列。追溯其发展史，早在公元 7 世纪英格兰就出现了文法学校，此类学校最初仅为英格兰富有阶级儿童所设，到公元 8 世纪已发展成为涵盖中学、大学和神学院的教育机构，到了 12 世纪，牛津大学建立，文法学校随之转变为大学的预备机构。综观其发展水平，英国的高等教育向来以学风严谨、质量优良而闻名于世，在 2010 年英国《泰晤士报》和美国《新闻周刊》的世界大学排名前 100 名中，英国占据了 14 席，仅次于排名第一的美国。

　　从英国国内高等教育的地区分布格局看，英格兰地区无疑是英国高等教育的主要阵地。由于历史原因，英格兰、苏格兰、威尔士和北爱尔兰四个地区至今仍各自保持着相当大的自治权，在高等教育的传统和体制等方面同样存在众多差异，但英格兰地区显然是英国高等教育的优势区域，该地区的院校占整个英国院校数的 78%。鉴于此，本书对英国高等教育质量保障体系的研究主要聚焦于英格兰地区。长期以来，英国的高等教育质量保障体系洋溢着较为显著的特色：既有主导又显多元，并始终以高校内部质量保障的有效性为关注点。探寻其根源，学者型高等教育管理模式① 在很大程度上促成了英国以高校内部教育质量保障为主、外部院校审计和社会监督等为辅的模式。具体而言，英国高校内部教育质量保障体系的运行主要立足于学校层面的外部监考员制度、周期性全面检查、学科/专业定期评估、系/所层面的年度课程模块评估以及课堂教学质量日常监控等一系列常规活动；英国高等教育外部质量保障体系则主要通过第三方独立机构的院校审计、法定或专业机构的专业认证、政府的定期检查以及社会监督等方式开展工作。总体而言，英国高等教育质量保障体系的各个部分在推动高等教育质量持续改进的过程中发挥着良好效能，与其经济、社会的发展需求和高等教育的发展诉求形成了一种具有较好协调性的机制。

---

① 学者型的高等教育管理模式，即学术权力在整个高等教育系统中占有主导地位，根据共同的价值观来管理教学。

第一章　英国高等教育发展概况

20世纪60年代以前，英国的高等教育基本处于"民间兴学"的状态，发展相对缓慢，此时的英国大学重视自由和精英教育，轻视技术教育。相关资料显示，1900年，英国仅有10所大学（英格兰5所、苏格兰4所、北爱尔兰1所）。另据英国大学拨款委员会关于1929~1935年发展情况的报告，当时英国大学生与居民人数之比是1∶885，在1938~1939年只有不到7万名全日制学生在高等教育机构中学习（5万名在大学学习）[①]。直至1945年，英国高等教育的毛入学率也仅为3%，还是处于一种贵族式的精英化高等教育状态，并表现出一定的保守性。

20世纪60年代以后，以1963年发布的《罗宾斯报告》（The Robbins Report）为起点，英国的高等教育经历了两次大规模的扩张，为英国高等教育的快速发展注入了强劲的动力。这两次大规模的扩张分别处于60年代中后期和80年代后期至90年代初，经过60年代后期的第一次大发展，至80年代中期，英国高校的毛入学率已经达到15%，实现了高等教育大众化。经过1985年开始的第二次规模扩张，至1992年，其高等教育毛入学率达到

---

① 邢克超. 共性与个性——国际高等教育改革比较研究 [M]. 北京：人民教育出版社，2004.

了 31%①，同时，英国高等院校的数量也发生了很大的变化。1963 年《罗宾斯报告》发布时，英国仅有 24 所大学，但经过 20 世纪 60 年代后期和八九十年代的高等教育扩张之后，到 2000 年，英国的大学与学院总数增至 166 所，其中包括 112 所大学和 54 所学院②。与此同时，其学生人数也不断激增，其学生总数从 20 世纪 60 年代中期的 42.9 万人，迅速增至 70 年代初的 62.1 万人，也就是说，学生总数在第一次扩张期间增长了近 20 万人。此后，学生规模维持了缓慢增长，直到第二次大规模扩张期间，学生规模迎来了又一次飞跃，从 80 年代中期至 90 年代中期，学生总数从 93.7 万人攀升至 172.0 万人，增长了 78.3 万人③。

英国现有高等教育院校 166 所，其中大学 116 所。相关统计显示，英格兰在 2007~2008 学年高等教育毛入学率为 43%（18~30 岁），在 2008~2009 学年学生总数为 240 万人④。英国高等教育机构总体上可以分为大学和学院两种类型，也可进一步细分为古典大学、城市大学、新大学、升格的大学和学院五类。其中，古典大学即 1836 年以前（以 1836 年伦敦大学建立为界）建立的院校，这类学校数量极少，直至伦敦大学成立为止，英格兰的古典大学有牛津大学（1100S）、剑桥大学（1200S）、达勒姆大学（1832）和泰恩河畔纽卡斯尔大学（1834）。苏格兰有四所古典大学：圣安德鲁大学（1411）、格拉斯哥大学（1451）、阿伯丁大学

① Kogan M，Hanney S. Reforming Higher Education. London：Jessica Kingsley Publishers，2000：49-50.

② HEFCE. Higher Education in the United Kingdom. London，Bristol：Northavon House，Coldharbour Lane，2001.

③ Kogan M，Hanney S. Reforming Higher Education. London：Jessica Kingsley Publishers，2000：50.

④ Universities UK. Manifesto for Higher Education. London：Universities UK，2010：2.

（1494）和爱丁堡大学（1583）。爱丁堡有两所古典大学：爱丁堡大学（1583）和赫里奥特—瓦特大学（1821）。这类古典大学久负盛名，高居英国大学的学术塔尖，当时所奉行的是自由主义教育观（主要代表人物是纽曼），强调古典人文学科忽视应用科学，崇尚教育的人文价值和认识价值，为上流社会培养精英。城市大学（1836~1960年建立）通常设立于重要的工业城市，与当地的工业和经济发展有密切的关系，主要是培养为资产阶级工业发展服务的人才。这类大学的发展在教育观及其实际行动上为英国高等教育注入了新鲜血液。1836年伦敦大学的成立不仅体现了科学实用主义教育观（主要代表人物是斯宾塞），注重应用科技的开发应用，还带动了一批新型大学的建立（大约有20所），打破了牛津大学、剑桥大学长期奉行自由主义教育观的垄断格局，同时也反映了人们对牛津大学和剑桥大学在社会、宗教和教育领域中排斥主义的不满。城市大学还放宽了宗教信仰的限制，表现出明显的地方性，重视那些可以促进工业发展的革新性研究及技术开发。新大学是指1960年以后建立的学校。20世纪60年代，英国经济迎来了繁荣时期，社会人才需求激增。在此背景下，国家对高等教育日益关注，政府创建了十余所"新大学"（如1961年在布莱顿开办的苏塞克斯学院、约克埃塞克斯大学、兰开斯特大学等。在这些新大学中，古典文学、神学和法学等老学科减少，而较新的社会科学类学科，如社会学、美洲研究等得到了加强）。此类学校多数设在中小城市的郊区，设立此类大学的目的主要有两个：一是为激增的中学毕业生提供更多的入学机会，二是为了改革大学过早专业化的教育。升格的大学（1992年英国政府取消高等教育"双轨制"后升格为大学）的前身是在20世纪60年代以后建立的多科技术学院，它们主要面向工商界，且以教学为主，发展实用技能。这类学校共计 60 余所，包括高等教育学院和艺术设计学院两类，前者作为提供高等教育的主要学府，开设各类专业课程；后者主要开设艺术设计方面的课程。英国 20 世纪 60 年代以来的高等教育发展可以大致分为以下三个阶段。

第一节　高等教育从精英走向大众阶段

20 世纪 60 年代至 80 年代中期，英国政府对高等教育的关注点主要是高等教育的目标与办学方针。1963 年发布的《罗宾斯报告》（*The Robbins Report*）作为当时的标志性政策文本，对这一时期英国高等教育的发展作出了预测和规划，成为英国高等教育大众化的开端。

一、《罗宾斯报告》与英国高等教育大发展

20 世纪 60 年代，英国政府采取的是凯恩斯主义的经济政策，通过维持财政赤字、扩大公共工程、增加社会福利等方法来刺激社会总需求，从而带动生产，也使经济有了较快的发展。此时，社会人才急缺、教育民主化运动兴起、人力资本理论盛行、"二战"后人口生育高峰，加之大量军人复员和退伍使得大学的适龄人口激增等，这一系列因素最终导致入学人数迅速增长。在此背景下，英国高等教育委员会于 1963 年发布了《罗宾斯报告》，该报告就英国 20 世纪 60 年代至 80 年代中期的高等教育发展作出了

预测与规划。《罗宾斯报告》①指出："我们密切关注英国的所有大学以及教育部和苏格兰教育处管辖下的学院，这些院校能开设教师培训课程，可获得普通教育高级证书（GCEA-Level）和普通级证书（GCEO-Level）所必需的继续教育课程以及具有同等水平的课程。"由此可见，英国政府扩大了高等教育概念的内涵，将大学和学院均纳入了高等教育的范围。

这一阶段，英国高等教育政策的关注点主要在于高等教育的目标和办学方针，正如《罗宾斯报告》②指出的，"高等教育的目标是改变培养传教士、法官、律师和医生的传统，为人们提供在社会生活竞争中所需的技能服务；国家办学的方针是使那些有能力、有条件、有愿望接受高等教育的人获得接受高等教育的机会"。该报告为20世纪60年代以后高等教育的大发展奠定了政策基础③，成为英国高等教育大众化的开端。这一时期，为积极推进高等教育的发展，英国政府通过学生人数与教育经费相挂钩的政策，鼓励高校的扩招与新建，快速推动了高等教育的规模扩张。

二、高等教育双轨制度

1965年4月，英国教育与科学大臣克罗斯兰德在伍立奇多科技术学院演讲时提出了建立高等教育双轨制度的设想，并于1966年5月发布了《关于多科技术学院与其他学院的计划》白皮书，建立了高等教育的双轨制度。从这一年开始，英国陆续开展了数十所多科技术学院的建设工作，这些学院在管理、经费、学术、学

①② The Robbins Report. Higher Education. Committee on Higher Education. Cmnd2145. London：H. M. Stationery Office，1963.
③ 王承绪，徐辉. 战后英国教育研究 [M]. 南昌：江西教育出版社，1992.

制、学科和课程设置等方面均有别于大学。具体而言，这些学校在管理上受到皇家督学处、地方教育当局以及国家教育与科学部（Department of Education and Science，DES）[①]的直接或间接管理；在经费上，主要由地方当局管理部门承担；在学制方面，除全日制外，还有半工半读制以及在职制等形式；在课程内容上，注重技术教育和职业教育。此外，多科技术学院主要立足教学，积极发展实用技能，服务地方经济社会发展。

可见，高等教育双轨制下的高等教育可以划分为两类：一类是作为学术研究中心的大学，这些大学作为自治的、拥有特许的机构（称为独立自治部门），拥有学位授予权，并由政府通过拨款委员会拨给经费；另一类则是作为职业培训机构的地方学院，以多科技术学院为主（称为公共部门），与前者的显著区别即它们并不拥有学位授予权，且由地方教育部门负责管理和提供经费。

三、全国学位授予委员会

为了对多科技术学院的教学质量进行监督和评估，英国政府于 1964 年成立了全国学位授予委员会（The Council for National Academic Awards，CNAA）。该委员会的职责在皇家特许状中有明确规定，即"通过颁授学位、文凭和证书，促进教育、学问、知识和技艺的发展"。具体包括：为在除大学之外的教育机构中攻读委员会批准的课程并通过委员会规定的考试的学生授予学位、

[①] DES 在 1992 年改名为"教育与就业部"；2001 年改为"教育与技能部"；2007 年，英国政府将其分为组建儿童、学校与家庭部以及创新、大学与技能部（Department for Innovation, Universities and Skills, DIUS）；2009 年，将 DIUS 并入"商务、创新和技能部"（Department for Business, Innovation & Skills）。

文凭、证书及其他学术资格；为在委员会准许的条件下，除大学以外的教育或研究机构管理下从事研究的人授予学位①。该委员会作为英国首个具有学位授予权的非大学机构，是英国高等教育史上第一个明确以质量保证为运行目的的高等教育组织，是一个独立于政府和学校之外的国家质量保障机构。该学位委员会负责非大学高等教育的学位授予工作，对于英国高等教育的大众化发展，以及非大学高等教育机构的发展提供了强大的推动力。至此，与推行高等教育"双轨制"相对应，英国的高等教育质量保障也出现了两种体制，即大学由自己制定学术标准和落实教育质量保障，并通过校外监考员制度为确保学位质量提供制度安排；非大学高等教育机构则通过全国学位授予委员会，监督其学位授予，确保其学位和大学学位之间的可比性。

20 世纪 70 年代，尽管英国受中东石油危机的影响，出现了经济恶化、财政紧缩、高教经费削减、人才外流、教育质量急降等现象，但在高等教育管理领域采取了一系列的改革措施后，至 1987 年，英国的高等教育入学率还是达到了 15%，步入了高等教育大众化阶段。

第二节　高等教育改革阶段

1988~2002 年，英国政府一方面采取货币主义政策，另一方

---

① 王承绪，徐辉. 战后英国教育研究 [M]. 南昌：江西教育出版社，1992：303.

面推行私有化和市场化政策。国家控制货币的供给，鼓励自由竞争，倡导市场机制。在此背景下，英国的高等教育也开始了相应的改革，改革的主题是质量、多样化、择校机会、学校自主权和责任制，使高校在教育价值观、教学和管理等领域发生了根本性的变化。下面分别对这一时期发生的重大事项及改革产生的影响进行阐述。

一、高教经费的削减与高等教育大扩张

这一时期英国政府对高等教育采取了削减经费和减少招生数的政策。主要举措是取消对非欧共体成员国国家留学生的公共补贴和在三年内将高等教育经费削减15%。在此背景下，政府鼓励高等教育通过多种渠道拓展资金来源，如建立教学公司、科技园等，以减轻学校对政府拨款的依赖性。就此，大学和多科技术学院采取了不同的应对策略。对于大学而言，其作为自治机构，招收留学生的收入不受政府约束，故而开始通过大量接收留学生实现增收；而对多科技术学院而言，其经费直接受地方政府的管理，无法通过扩招留学生获益。因此，扩招国内学生成为其维持收入的唯一途径。同时，地方政府为了满足不断增长的教育需求，对实行扩招的多科技术学院采取了经费补贴措施。这样一来，多科技术学院为争取更多的经费补贴，以较低费用大量扩招国内学生，由此使英国高等教育迎来了不亚于罗宾斯时代的规模大扩张。

由于各地区高等教育政策的不同，多科技术学院为了争取更多的经费，展开了激烈的竞争，各学院的收费标准不一，造成了招生规模不稳定的局面。为了解决这个问题，英国政府在 20 世

纪 80 年代初成立了全国咨询委员会（National Advisory Body for Public Sector Higher Education，NAB），由其负责协调多科技术学院的发展和经费分配。

二、《教育改革法案》的颁布与实施

颁布于 1988 年的《教育改革法案》作为英国高等教育改革焦点转向管理体制及教育经费分配的标志性政策文件，可以说是英国政府继 1944 年颁布的《教育改革法案》以来最为重大的改革性法案。

该法案在高等教育管理体制和经费分配方面作了一系列新规定。在高等教育管理体制方面，鉴于地方政府未能采取中央政府削减高等教育经费的政策，存在与中央政府不合作的现象，故免除地方教育局的职权，加强了中央政府的统一领导。同时，将 29 所多科技术学院和 50 多所其他学院定位为独立的法人组织。在高等教育经费的分配方面，撤销大学拨款委员会（University Grants Committee，UGC）① 和全国咨询委员会（NAB）两个机构，转而建立了大学基金委员会（University Funding Council，UFC）和多科技术学院与其他学院基金委员会（Polytechnics and Colleges Funding Council，PCFC），分别负责相应的经费分配。同时，改革了大学教师聘用制度，以合同制取代了终身聘任制。政府在该法颁布后成立了一个委员会负责修改大学章程，使各高校能在一定情形下

① 此委员会于 1919 年成立，是半自治性质的，归财政部领导，是介于大学和政府之间的独立机构。委员会最初由 10 名退休的资深学者和 1 名兼职的政府官员组成，由财政部长、教育部长和国务院大臣共同协商任命。此委员会的基本职责是把中央政府的资金拨给大学和向大学就大学管理方面提供咨询及指导。

解聘教师及研究人员，使学校可以通过长期、定期、短期以及小时付费等形式的合同制来聘用大学教师。此外，该法案还特别强调高等教育应该更有效地服务于社会经济发展，并与工商界建立更为密切的联系，使高等教育市场化。

三、高等教育"双轨制"的取消

1988 年的《教育改革法案》公布后，多科技术学院虽然获得了独立法人地位，取得了经济上的独立，但其名称似乎还是给人一种比大学低一层次的印象，这种影响在其生源的竞争和毕业生的就业方面表现得尤为突出。加之多科技术学院还须接受全国学位授予委员会的学位审查，这也使之感到政府对其学术水平的不信任，影响了这类学校的积极主动性。

时过境迁，20 世纪 80 年代以来，多科技术学院不断提高其办学效率，逐渐取得了政府的认可。英国议会和下议院于 1991 年 5 月发布了《高等教育—— 一个新的框架》的白皮书，提出了关于英国高等教育未来发展框架的相关政策。白皮书认为，英国高等教育"比过去任何时候更有效率，更有成效"，并指出"大学与多科技术学院及其他学院之间的区分，即所谓的'双轨制'，已成为高等教育进一步发展的障碍"。因此，改革的重点自然落在"结束大学与多科技术学院和其他学院之间日益严重的人为的区分……建立一个单一的高等教育框架"[①] 之上。由此，1992 年政府颁布的《继续教育与高等教育法》中规定，多科技术学院升格

---

① 吕达，周满生.当代外国教育改革著名文献（英国卷·第 2 册）[M].北京：人民教育出版社，2004：5.

为大学，全国学位授予委员会也宣布解散，并取消了多科技术学院与其他学院基金委员会（Polytechnics and Colleges Funding Council，PCFC）和大学基金委员会（University Funding Council，UFC），成立了高等教育基金委员会（Higher Education Funding Council，HEFC），由其负责对高等教育机构的经费分配。同时，该委员会还成立了质量评估机构，对学校的教学质量进行评估，以评估结果作为教学拨款的依据，并为学生择校提供相关的质量信息。自此，政府取消了高等教育"双轨制"，建立了统一的高等教育体制。

四、《迪尔英报告》的出台

为了制定面向 21 世纪的高等教育改革与发展战略，英国政府在 1996 年成立了由迪尔英爵士（Sir Dearing）担任主席的英国高等教育调查委员会。该委员会经翔实调研，于 1997 年 7 月发表了《迪尔英报告》（*The Dearing Report*），该报告对英国高等教育的目的、模式、结构、规模、拨款面临的问题等进行了说明和规划，提出了 93 条高等教育的改革建议，并对 1997 年后 20 年英国高等教育的发展作出了预测。报告认为[①]，英国高等教育的范围应涵盖：所有 16 岁以后，即义务教育阶段后的高层次教育；所有 18 岁以后的学习者参加的继续教育、普通高等教育以及成人教育；所有超出高中教育水平的教育，包括国家通用职业资格三级及以上的教育。由此可见，英国高等教育的内涵朝着多元化的方向发展。此外，报告强调了高等教育对于推动区域社会、经

---

① Dearing, R. The National Committee of Inquiry into Higher Education: Higher Education in the Learning Society. Report on National Consultation. London: Higher Education Quality Council, 1997.

济发展的积极作用，鼓励高等教育机构的多样性发展，以更好地满足高等教育规模扩大后受教育者以及区域经济发展的多样化需求，并建议在资金投入中对这种多样性给予支持。同时，强调高等教育机构的多样性绝不能降低教育标准和教育质量，强化了高等教育质量保障署（Quality Assurance Agency for Higher Education, QAA）在教育质量和学位标准保障方面的职责。不可否认，该报告为英国 21 世纪的高等教育绘制了一个空间更为广阔的发展蓝图。

五、高等教育经费新机制

《迪尔英报告》出台后，英国政府根据其中提出的 22 项建议，开始建立高等教育经费的新机制，借此拓宽教育经费来源的渠道和提高教育经费的使用效益。具体举措有以下几点：政府设立了工业合作发展基金，以鼓励和吸引工业部门对高等教育开展资助；从 1998 学年开始，学生需缴纳每年 1000 英镑的学费；政府通过立法、评估等手段调节经费流向。在这一机制下，英国高等教育经费的主要来源为：政府拨款（约占全部经费的 40%）、境内外学生的学费、产学研合作及社会捐赠。

六、高等教育改革产生的影响

20 世纪八九十年代，英国高等教育改革对整个高等教育的价值观、管理乃至教学过程都产生了较为深远的影响。首先，它改变了英国高等教育传统的自由教育价值观，使高等教育更强调核心技能。至此，英国高等教育从"象牙塔"走向"市场"。其次，高等学校的管理模式从最初的出资人管理到教授治校，最终过渡到了管理主义大学模式。最后，改革对各高校教学领域的影响主要体现为各高校普遍应用学分制和模块课程，实施学分累积制与学分互换制。具体而言，学分制的实施为学生提供了多途径的入口和出口；模块课程则提高了学习的选择性；学分的积累和互换使学生在各种背景下进行的学习得到承认，提高了高等教育体制的灵活性。

第三节　面向 21 世纪的高等教育发展阶段

2003 年至今，英国政府对高等教育的关注点主要集中于建设世界一流的高校和保证一流的科研与教学水平。英国的高等教育政策从撒切尔时期的"减少教育投入—市场化—收费—扩大规模与经济导向"转变为"增加教育投入—市场化—提高收费标准（2003 年 11 月 26 日，布莱尔政府宣布英国大学学生学费由每年 1000 英镑增加到 3000 英镑）—扩大规模和国家竞争力导向"。

一、《高等教育白皮书——高等教育的未来》

2003 年颁布的《高等教育白皮书——高等教育的未来》作为这一阶段的标志性政策文本，对于英国政府而言，也是其 21 世纪国家发展战略的组成部分。该白皮书指出，研究为改革奠定长远的基础，是经济增长、生产力提高和生活质量改善的中心，并强调：第一，这里所指的研究不仅是科学技术研究，社会科学、艺术和人文学科的研究也能使经济发展受益匪浅；第二，教学是实现高等教育目标的核心所在，高等院校应致力于不断探究教学的本质及其方式方法，不断提升教学水平，给予教学质量高的教师相应的奖励；第三，对于所有学生而言，他们有必要也有权利尽可能全面了解所选专业及院校的信息，并接受高水平的教学。

对于高校的研究活动，英国政府在 2005~2006 年研究项目上增加了 12.5 亿英镑，并推进重点内容的建设，即在确保高等教育普及的同时，通过对研究型大学和一流院系的重点资助，以及优质教学推广中心的建设，致力于促进一流的教学与研究。英国政府强调提高高等教育质量，并付出了实际行动，如以增加额外拨款的形式支持教学现代化、奖励优秀教师和学生、新建教学质量学会等。此外，还鼓励高校加强与经济界的联系，为更多企业提供技术支持和咨询服务。

二、《知识经济时代大学的未来：高目标》

2008 年 2 月，创新、大学与技能部部长约翰·邓哈姆（John Denham）宣布要为高等教育未来 10~15 年的发展制定政策框架。此框架将确定未来世界一流的高等教育体系应该是怎样的，这样的高等教育体系应该致力于怎样的目标，要达到预定的目标现在存在哪些阻碍的因素。同年 9 月，在剑桥英国大学协会（UUK）的年会上，约翰·邓哈姆部长宣布了制定政策框架的要点：一是要听取用户的意见，为此，创新、大学与技能部邀请英国大学和学院的相关人员，听取他们对未来世界一流大学的看法，还通过全国学生论坛听取学生的看法；二是关注远程高等教育，创新、大学与技能部邀请联合信息系统委员会（The Joint Information Systems Committee）前任主席罗恩·库克（Ron Cooke）就英国怎样才能成为世界远程高等教育的主要研究中心提出建议。

2009 年 11 月，英国商务、创新与技能部（Department for Business Innovation & Skills，BIS）（此时，原创新、大学与技能部已经并入该部）发布了《知识经济时代大学的未来：高目标》的文件，该文件从六个主要方面着手，提出了在日益严峻和竞争的环境下维持高等教育实力的十七条策略。概要内容如下：

（1）怎样保证那些有能力获益的人跨入高等教育之门。英国还有 600 万工人没有接受过高等教育，要发挥这些劳动力的潜能，就存在让他们接受高等教育和加强他们的各种技能培训的需要。

（2）如何支持大学在经济复苏和增长方面做出杰出的贡献。

（3）如何加强大学的科研能力，并使这种能力转变为经济的影响力。

（4）如何促进优秀的教学，因为大学吸引学生的能力是建立在提供优质服务基础上的。

（5）如何进一步增强大学对社区的作用（主要是地区经济的发展）。

（6）怎样保证大学持续保持教学和科研的优秀水平，甚至是在公共财政紧缩的情况下。对此，在一定程度上也可见虽然英国处于经济萧条、财政赤字时期，但政府对高等教育的期望和要求并未因此降低，而是在积极采取各种措施维持和提高高等教育质量，追求世界一流的教学和科研水平。

三、《将学生置于体系中心》

2011 年 6 月，英国发布高等教育白皮书——《将学生置于体系中心》，其主要内容包括：

（1）在教育经费方面，改革资助办法，加大教学资助和向学生提供贷款的力度。

（2）在信息公开方面，向学生、家长和用人单位公布教育资源、教学安排及效果、毕业生去向等信息，为他们的选择提供方便。

（3）加强高校、学生、雇主之间的联系，以共同培养合格的毕业生，保证教学质量。

（4）满足学生、雇主日益多样化的需要，适应社会和市场需求，政府放松对学生招收限额的控制，开放高等教育体系。

（5）排除家庭条件差的学生接受高等教育的阻碍，强化公平入学办公室的角色，促进教育公平。

（6）从管理层面上，简化管理程序和减轻行政管理负担，尊重教育机构的办学自主权。

四、《作为知识经济体的成功：卓越教学、社会流动性及学生的选择》

2016 年 5 月，英国发布了《作为知识经济体的成功：卓越教学、社会流动性及学生的选择》（*Success as a Knowledge Economy*：*Teaching Excellence，Social Mobility and Student Choice*）政策白皮书。英国大学和科学国务部长乔·约翰逊（Jo Johnson）在前言中指出，"我们的大学（全球领先的）排名是国家最宝贵的资产，它是增强经济和繁荣社会的基础"，这一发言将高等教育放到了国家战略的高度，希望通过不断地变革和创新来确保其在全球领先的位置。该白皮书体现了英国高等教育改革的主要动态，即致力于教育公平的强化，高校教学质量保障体系的建设、教育国际化的全面均衡推进，以及构建更为高效的高等教育发展机制。

在精英教育向大众化、普及化发展的过程中，英国高等教育的人才观不断朝着开放与多元演进，不断贴近服务社会需求和人们的需要。可以说，在比较单一的学校主导的内适性质量观的基础之上，逐渐融合了同社会经济发展与人们个性化需求相关的外适性与个适性质量观，呈现出多种质量观调和共存之势，最终从自由教育价值观转变为强调核心技能的多元化人才观。当然，我们也不难发现，英国在其高等教育领域似乎始终未曾放弃在各类型、各规格的人才培养中追求卓越的目标。

第二章 英国高等教育外部质量保障体系

　　英国的外部质量保障体系大致可以分为形成期和发展期两个阶段，以下将按时间顺序展开阐述，并以政府的政策及公布的文件和相关质量保障机构的成立为依托，说明各项内容及其目的、缘由、怎么做以及效果如何。如前所述，英格兰、威尔士、苏格兰和北爱尔兰地区的教育体制不同，采用的评估方式也有所不同。在英格兰采用的外部质量保障方式有院校审计、合作办学审计、学科评估、专业认证（如医学教育认证）；在苏格兰采用院校发展性评估和学科评估；在威尔士采用的是院校评估；在北爱尔兰采用的是院校审计和合作办学审计。本书所有具体的质量保障活动分析都以英格兰地区为例。

第一节　高等教育外部质量保障体系的
形成与发展

一、高等教育外部质量保障体系的形成阶段（20 世纪 80 年代中期至 90 年代初期）

20 世纪 80 年代，英国国家政策调整，大学新公共管理思想引入（基本原因是，高等教育大众化带来了很多问题，经济危机使高等院校资源短缺，以及政府与高等院校之间面临信任危机），社会效率理念开始盛行，大学实行问责制和市场化，中央政府越来越多地试图影响本国高等教育的发展。在此背景下，一系列针对建立高等教育质量保障制度的文件和法律政策陆续颁布，并组建了有关机构对高等教育质量的保障采取强化措施。

这一时期，高等教育政策所发生的变化基本可概括如下：

第一，高等教育的学术力量减弱，政府和社会的问责力度增强。当时受经济、社会领域的不利影响，政府和社会对于学术界的自我管理能力，以及高等教育不能很好地契合社会需求表示不满，高等教育的主导力量开始转移。

第二，政府在削减高等教育经费的同时，加强了对高等院校效率的关注与问责。

第三，政府强调高等教育应更有效地服务于经济，并加强与工商业界的联系。就在此时，源于工商界的全面质量管理思想开始被引入学校。

第四，高等教育市场化。高等教育市场化的主要目的在于将那些受到过度保护的公共行为私有化，使其加入公开的商业竞争，这或许也是新公共管理思想的某种体现。高等教育市场化基本包含了三个方面的内容：大学之间或大学与其他教育机构之间通过竞争的方式出售各项服务；在竞争体制下配置有限的资源；在高等教育系统内，不同院校间根据学生数量、服务合同等指标进行资源配置。在一定程度上，高等教育市场化使政府和高校摆脱了财政拨款不足的窘境，同时也促使高校更加关注消费者的需求[①]。这一时期的外部高等教育质量保障活动以政府和大学为主导展开。

（一）政府主导的高等教育外部质量保障体系建设行动

20 世纪 80 年代后，经济全球化和知识经济两大发展态势使国际政治环境，以及英国国内的政治经济环境都开始发生深刻而重大的变化。在此背景下，英国政府希望更多英国民众接受高等教育，借此提升劳动力素质，同时也希望借助大学的科研优势，研发更多高科技的产品，以提升竞争力，使英国的工业继续保持国际领先地位。但是，大学的精英主义和大学自治的传统使他们并不支持扩招更多的学生，因此一些不协调的因素在国家需要与大学所能提供的产品或服务之间产生。虽然大学自治的传统使政府无从干预大学对内部事务的自主权以及学术人员对自身研究的自主权，但政府有权代表纳税人对院校进行绩效问责，英国政府

---

① Kogan，M & Hanney，S. Reforming Higher Education. London：Jessica Kingsley Publishers，2000：55-66.

开始借助外部评估与质量审计等高等教育质量保障方法对大学进行监督。正如罗杰（Roger）所指，20 世纪 80 年代后，政府关注高等教育质量问题的根本原因在于，"一是要向公众证明英国在高等教育规模扩张和经费减少的情况下，高等教育的标准和质量并未降低；二是希望从根本上改变以前精英教育体制下英国高等教育的固有观念，使之转向（更有效地）服务于国家和社会"[①]。为此，英国教育与科学部加强了皇家督学处的队伍建设与功能。皇家督学处的检查范围主要是那些接受多科技术学院及其他学院基金委员会资助，以及地方政府资助的院校。其主要职责是通过直接检查师生的教学和学习情况，来评价其质量标准，推广成功经验，并给予院校相应的建议与帮助。1988 年，多科技术学院及其他学院基金委员会成立，皇家督学处开始辅助其开展相关工作。

大学校长委员会则分别于 1983 年和 1984 年先后组建了雷诺兹委员会和贾勒特委员会，开展对大学相关标准和效率的检查工作。

1983 年，英国大学校长和副校长委员会（The Committee of Vice. Chancellors and Principals of the Universities of the United Kingdom，CVCP）与大学拨款委员会（University Grants Committee，UGC）联合成立了雷诺兹委员会（又称"学术标准小组"），对大学的教学和质量管理开展了一系列研究，初步拟定了新的英国大学学术质量标准，并于 1984 年发布了《雷诺兹报告》，第一次对大学的质量问题提出了指导意见，开始在各大学推广质量保障制度。与此同时，1984 年由大学校长委员会组建了大学效率研究指

[①] Brown, R. Quality Assurance in Higher Education: The UK Experience since 1992. Abingdon: Psychology Press, 2004: 86.

导委员会，其与大学拨款委员会联合调查了大学的行政管理效率，并形成了《贾勒特报告》，就大学存在的问题提出了若干建议。该报告中建议政府采用绩效指标（Performance Indicators，PIs），从输入、过程和输出三个方面评价大学的效益与效率。

1985 年 5 月，英国议会发布绿皮书——《20 世纪 90 年代英国高等教育发展》，该文件特别强调高等教育应该致力于改善国民经济，并修改了英国高等教育发展的指导思想，即从罗宾斯原来所主张的"谁有能力谁可入学"修改为"谁能受益谁可入学"，换言之，即"所有有能力并希望从高等教育中受益的人都应享有接受高等教育的机会"，这一政策在极大程度上放宽了高等教育的入学资格。1987 年，英国政府发表了题为"高等教育——应付新的挑战"的白皮书，在第一章"总则"中明确提出了高等教育改革的方向，要求扩大高校招生和保证教育质量，在高等教育中要进行管理和拨款体制以及教学质量的监督改革。同年，全国咨询委员会在一份报告中指出，地方当局限制了多科技术学院的发展，有必要进行相应的改革，而多科技术学院院长委员会（The Committee of Directors of Polytechnics，CDP）也向保守党政府提出要脱离地方教育部门的管理。1988 年，保守党政府提出《教育改革法》并获得议会通过，宣布多科技术学院正式脱离地方教育部门的管理。为了提高高等教育领域公共资金的使用效率，改革高等教育拨款体制，大学基金委员会（University Funding Council，UFC）取代了原大学拨款委员会（University Grants Committee，UGC），新建立的多科技术学院及其他学院基金会（Polytechnics and Colleges Funding Council，PCFC）取代了原先负责高等教育公共部门拨款的全国咨询委员会（NAB），机构更迭的主要原因是政府对大学拨款委员会执行削减大学经费决策的结果不满意。迈克尔·夏托克（Michael Shattock）在其著作《大学拨款委员会和英国大学的管理》一书中把大学拨款委员会的发展历史划分为四个时期：1919~1963 年，大学拨款委员会在政府和大学之间起着"缓冲器"的作用；1963~1979 年，在罗宾斯时期，要求大学拨款委员会发挥战略家的作用；1979~1983 年，大学拨款委员会执行保守党政府的紧缩政策，备受各方责难；1983~1989 年，大学拨款委员会继续执行保守党那些有争议的紧缩和改革政策，岌岌可危[①]。1989 年 4 月 1 日，新基金会正式成立，它是一个独立的权力机构和法人团体，承担向大学分配资金的责任。该委员会沿用了大学拨款委员会的做法进行科研拨款，但就教学拨款引入了竞争机制，实行了市场化的改革。从机构成员来看，多数人员来自工商界和教育大臣，由工业界代表任命主席，取消了地方当局的代表，中央政府借此加强了对高等教育的监管和干预，加强了与各拨款机构的联系。

为了对多科技术学院和其他院校的教学质量进行监控和评估，英国政府在 1964 年成立了全国学位授予委员会（CNAA）。该委员会是英国首个具有学位授予权的非大学机构、是英国首个明确以质量保障为目标的高等教育组织、是独立于政府和学校之外的国家质量保障机构。在 1992 年之前，全国学位授予委员会一直履行着其保障教学质量的职责，形成了以大学基金委员会、多科技术学院及其他学院基金会和全国学位授予委员会为主的拨款和质量保障体系。

---

① 王承绪. 英国教育 ［M］. 长春：吉林教育出版社，2000：473.

1991 年，政府发布的《高等教育——一个新的框架》白皮书中建议，在高等教育基金会下设立质量评估委员会（Quality Assessment Committee），为基金会的拨款提供决策信息。白皮书提到了以下几方面：一是评估的方法问题，指出质量评估应采取考察定量结果和直接观察两种方式。前者可以通过如考查绩效指标或价值增长来进行判断，此法的不足之处在于不能提供全面的质量信息。因此，后者可以为其提供补充，如通过直接观察学校的教学质量、教学设施以及组织管理等情况开展评价。二是质量评估委员会的人员选聘范围可以包括皇家督学处负责高等教育的人员、具有在大学工作经历的人员，以及来自学术界的学者。三是质量评估委员会的工作任务由基金会与高校共同商定，并接受国务大臣的指导；质量评估委员会应与各高校保持建设性关系；质量评估委员会应该考虑如何使潜在的学生和雇主得到院校真实和及时的质量信息，以及各院校所提供的专业信息；质量评估委员会能够监控和促进高等教育的发展，如绩效指标、招生政策、对学生需求的回应、与工商界的联系等①。上述建议在 1992 年发布的《继续教育和高等教育法》第 70 条中得以合法化，政府取消了 PCFC、UFC 和CNAA，成立了高等教育基金委员会（Higher Education Funding Council，HEFC），它是一个独立的非政府公共机构，其成员组成与前两个机构基本相同，即非学界成员较多，且由工业界人士任主席。其分属机构包括英格兰高等教育基金委员会（Higher Education Funding Council for England，HEFCE）、威尔士高等教育基

①吕达，周满生. 当代外国教育改革著名文献（英国卷·第 2 册）［M］. 北京：人民教育出版社，2004：20-21.

金委员会（Higher Education Funding Council for Wales，HEFCW）、苏格兰高等教育基金委员会（Scottish Higher Education Funding Council，SHEFC）和北爱尔兰教育部（Department of Education，Northern Ireland，DENI）。高等教育基金委员会的职责主要有以下几点：制定和执行教育政策；保证各种教育项目、计划与《继续教育和高等教育法》一致；为教育部长提供咨询，提出合理建议；帮助院校提高高等教育质量，促进院校及相关机构的发展并使之有效使用资金；根据院校教学和科研的评估情况进行拨款。该基金会的工作重点是经费的分配和问责。高等教育基金委员会（HEFC）设立了质量评估委员会（Quality Assessment Committee，QAC），负责学科层面的教学质量评估，同时还为学生择校提供质量信息，其检查结果与政府拨款直接挂钩。

（二）大学主导的高等教育外部质量保障体系建设行动

针对上述情况，大学也开始主动采取检查行动以证明提高自身的质量和标准的能力，组建了由学术审计处（Academic Audit Unit，AAU）。该机构由大学校长委员会领导，于 1990 年 10 月正式开展工作，对英国所有大学的质量进行审计，期望能够提高大学的教学和研究水平。学术审计处由理事会管理，其理事会由 8 名大学校长、4 名非大学机构人员和 1 名大学校长委员会的秘书组成，其中只有主任、副主任和行政秘书是全职人员，而质量审计的工作人员由大学中的高级学术人员组成，选聘要求涉及区域、学科标准，以及相关工作经验等，且需经培训后开展工作。此外，该审计处还有一个组成人员来源广泛的咨询机构。学术审计处的运作经费来源主要是各大学缴纳给大学校长委员会的赞助费。学术审计处的主要职责包括对大学为实现自身设定的质量目标和学术标准所必需的监控机制进行检查和评议，对各大学所实施的质量监控机制的执行力及有效性进行评价，评价质量保证好的做法并给各大学提出具体建议，实行校外监考员制度的监督机制，以及通过理事会向大学校长委员会提交报告①。

学术审计处的工作只针对教学，不包括科研。审计工作的前提是要获得各大学的自愿申请。审计重点是检查各大学的内部质量保证机制在多大程度上有利于实现自己制定的质量目标，即保障机制的有效性。学术审计处具体的审计工作内容和范围包括大学对于具体课程及所授学位的整个课程设置方面的质量保证措施；大学在教学及信息交流方面的质量保证机制；大学的师资情况，例如学术人员评价机制、学术人员发展措施等；大学是否在质量保证方面考虑校外监考员的建议、学生的意见，以及专业认证机构和用人单位等方面的观点②。

学术审计处的审计程序主要包括三个部分：首先，由被审计大学提交简明文件，以使审计人员概要了解其质量保证机制，相关文件包括校历、年度报告、校外监考员报告，以及新开课文件等。在接下来大概三周的时间中，考察组负责人将阅读这些材料，并开会讨论具体的考察计划。其次，考察人员按计划进校实地考察。在为期三天的考察中，考察人员常常会同近百人进行座谈会，涉及人员包括校长、教学或学术标准委员会和教师发展委员会成员、新入职学术人员、课程组织人员、行政人员、学生代

---

① Craft，A. Quality Assurance in Higher Education. Proceedings of an International Conference，1992：137.

② Craft，A. Quality Assurance in Higher Education. Proceedings of an International Conference，1992：138.

表，甚至留学生及成人教育学生等。座谈后，考察组还会就某个专题做深入调查，即审计追踪。考察结束后，考察组将起草的报告提交学术审计处董事会。最后，为了保证学术审计处所有的报告在形式上保持一致，学术审计处董事会成员对其进行编辑，编辑后的报告再交给被审计大学的校长，由学校来校正报告中的实质性错误或由于误解而导致的错误结论等。学术审计处根据学校的校正稿进一步整理，将定稿的报告反馈给该大学。学术审计处出具的审计报告由各大学自己对外公布。

1991 年 10 月，大学校长委员会、多科技术学院院长委员会以及全国学位授予委员会主席联合向教育与科学部递交报告，被称为高等教育界的"质量宣言"①。宣言对新的质量保证机构的名称、职能等提出了具体设想，并论证了此机构与高等教育基金会下即将建立的质量评价机构之间的关系，指出两个机构重复工作的弊端。教育与科学部采纳了相关建议，同意成立新的质量保证机构（"高等教育质量委员会"）。1992 年 5 月，大学校长和副校长委员会以及多科技术学院院长委员会成立了高等教育质量委员会（Higher Education Quality Council，HEQC），取代了学术审计处的工作，在院校层面上进行教育质量和学术标准的审计，称为学科质量审计。高等教育质量委员会致力于维持和提高大学的教学质量和标准，对大学进行定期的学科质量审计，以检查学校质量和标准保障机制的运行状况及其有效性。

学术审计处的建立及相关审计工作的开展改变了英国大学传

---

① Brown，R. Quality Assurance in Higher Education：The UK Experience since 1992. London：Routledge Farmer，2004：40–42.

统的管理方式。一方面，它使传统大学在院校层面开始接受外部检查。另一方面，它使大学开始切实关注质量保证问题①。由此，很多大学都确立了自己的学术标准或教学质量委员会，并根据学术审计处制定的《审计人员指导手册》（*Notes of the Guidance of Auditors*）以及大学校长委员会提出的实践准则检查各自的质量保证机制，将责任落实到了各部门，并注意听取和采纳学生的意见。

至此，代表大学的高等教育质量委员会（HEQC）和代表政府的质量评估委员会（QAC）分别承担着高等教育不同领域质量保障工作，形成了两套不同的高等教育质量外部评估体系。

二、高等教育外部质量保障体系的发展阶段（1992 年以后）

在这个阶段，高校外部质量保障体系经历了从双重的质量保障机构和方法到统一的质量保障机构，再到统一的质量保障方式的过程。

（一）两套质量保障机构和方法

1. 质量评估委员会（QAC）的评估活动

在制定正式的质量评价方案之前，质量评估委员会进行了一次试验性评估，广泛听取了高等院校以及政府的意见，并于 1993 年 2 月发布了《关于教育质量评估的通知》（*Circular* 3/93：*Assessment of the Quality of Education*），决定正式的评估工作于 1993 年 4 月开始。文件指出，"质量评估是根据学科提供者所确立的教育目

---

① Harvey, L. Quality Assurance in Higher Education in the UK: Current Situation and Issues. NZQA Conference Quality Assurance in Education and Training, Wellington, 1994, 10.

的和目标，检查学生的学习经历及学习效果是否与此一致。质量评估的范围包括某一院校某一学科中所有影响学生学习经历与效果的内容，例如教学活动、学生评价、学生成绩、课程、师资及教师发展、学习资源，以及学生指导等"。质量评估的目的是保证所有受英格兰高等教育基金会资助的高等教育达到"满意"的质量标准，并且对于评价中"不满意"质量评价的项目迅速进行改进；通过发布质量评估报告和年度报告促进教育质量的提升；为基金会拨款提供信息，并奖励那些取得优秀教育质量的机构和人员①。

　　质量评估是通过自评和同行评价来完成的。首先是由各院校自己根据上面提到的评估范围针对某一学科的教学情况提交自评报告和陈述各一份，质量评估委员经过初步的书面检查后，有选择地派评估小组开展实地考察，评估结论包括"优秀""满意"和"不满意"三类。从实践来看，被选择进行实地考察的院校通常为通过自评报告被认为可能获得"优秀"或"不满意"结果的院校，对于那些可能获得"满意"结论的院校只作个别考察。考察结束后，根据给出的结论，"优秀"指院校提供了高质量的教育。"满意"指某学科的教育实践部分优秀，例如较好地实现了教学目标，教学过程和学生的能力、经验、预期以及成绩相互匹配等。"不满意"指教育并未达到最低的质量标准，在教学实践中存在严重的缺陷亟待改正。被评为"不满意"的院校须在一年内进行整改提高，若一年后在再次评估中结果仍为"不满意"，将取消该院校的全部或部分拨款。质量评估委员会的评价报告主

---

① HEFCS. Circular 39/94，http：//www.hefce.ac.uk/pubs/hefce/1994/c39_94.htm.

要是根据学科教育目标的实现程度做出以上总结和判断。委员会通常会准备两份评估报告，一份公开发布，另一份包含了评估人员相关判断信息的报告则只提供给被评估院校。

按照《关于教育质量评估的通知》的建议，1993 年底，质量评估委员会对其所使用的评价方法开展了检验和再评估，广泛征求了各方的意见和建议，并形成了一份咨询报告（*Consultation Paper* 2/94）。委员会根据咨询建议及各院校就相关建议的反馈，调整了新一轮（1995 年 4 月至 1996 年 9 月）质量评估的一些项目，并于 1994 年 10 月发布了《关于教育质量评估的通知》，对此进行了说明。之后，教学质量评估（Teaching Quality Assessment）改称为学科检查（Subjcet Review），这轮质量评估特别强调了为公众提供有关高校的质量信息。质量评估方法的修改变化主要体现在以下几个方面：对学科的各个层次都要进行实地考察评估；评估的核心内容包括课程的设计、内容和组织、教学及评教、学生发展与成绩、学生的支持与指导、学习资源、质量保证与促进等方面；评价的一般程序包括院校自评、评估人员实地考察、做出评估判断、提交评估报告；评价结果进行量化计分，即按照上述核心项内容，每项按 4 分制计分，即分成从 1 分（不满意）到 4 分（优秀）四个等级，满分为 24 分，并给出一个总体评价，分为两个等级："通过"和"不通过"。只要这些核心内容中有一项得分为 1，就会被评为"不通过"，须在一年内接受重新评估，其间仍可获得拨款，但若重新评估未通过，将全部或部分取消拨款。"不通过"的高校也可向质量评估委员会提交申诉材料，经相关小组的审核，向委员会主席提出维持原有评估或进行重新评估的建议。评估只提供一份公开的评估报告，内容包括对该学科目标的陈述，以及对核心评估内容实际状况的逐项评价 ①。

2. 高等教育质量委员会（HEQC）的审计活动

1992 年 7 月，高等教育质量委员会（HEQC）针对原学术审计处主任皮特·威廉姆斯（Peter Williams）在总结报告中提出的关于现有质量审计工作中存在的问题，将审计工作的内容由此前的四项修订为六项，具体包括课程学习计划，教学、学习及交流状况，学术人员，评价和分类程序，核实、反馈和促进，推广材料。

次年 7 月，高等教育质量委员会委派永道国际会计公司（Coopers & Lybrand）调查之前的审计工作，广泛听取各院校提出的意见和建议，以了解高等院校和社会各界对于审计工作的多样化需求，以及如何对待这些需求。此次调查反映出审计工作已取得一些成绩，诸如对各院校产生了重要影响，促进了学校的质量保障工作的开展等。但与此同时，仍有许多地方亟待改进，诸如增进公共责任感、传播好的实践经验，以及服务院校以外的群体等。因此，委员会对质量审计工作做了相应的调整，例如在文档方面，对院校提交的资料以及审计报告的格式提出了新的要求；在程序上，增加了审计结束一年后的后续检查，以及对质量保证小组的工作开展质量控制等。高等教育质量委员会董事会认为，需要进一步缩小审计工作的范围，审计重点应该放在对院校的陈述中，而不是停留在检查院校提交的材料上，应该主要从高校内外部的各类检查、评价与认证中搜集审计所需的辅助材料。如此，不但可以使学校减负，还可使同行机构增进联系，同时又可确保审计的效力。经过商讨，该委员会将质量审计工作的检查范

---

① HEFCS. Circular 39/94，http：//www.hefce.ac.uk/pubs/hefce/1994/c39_94.htm.

围概括为两个主要方面和两个次要方面。两个主要方面是指各院校为实现自身教育目标而采用的各种质量策略，以及院校为维持和提高课程质量及所授学位标准而实行的政策；两个次要方面是指各院校为学习提供的基础设施状况，以及校内外信息交流情况。此外，高等教育质量委员会进行的另一改革就是在院校接受后续检查的同时，在审计过程中增加一次会议，目的是检验改进的方面，并对下一步整改行动做出安排。

1994 年，英国国务大臣约翰·巴顿（John Patten）把保持各高校在质量标准方面"广泛可比性"（Broadly Comparability）的任务交给了高等教育质量委员会。该委员会以及大学校长委员会（CVCP）为执行这一任务，最后达成以下共识：在这个多样化的高等教育系统中，只有通过确立一个基本标准，从而确保各院校质量标准之间具备"广泛可比性"。此后，高等教育质量委员会和大学校长委员会就致力于制定这样一种基本标准及其保证机制。高等教育质量委员会下属的质量促进小组（Quality Enhancement Group）通过大量的实地调查与资料分析，寻求各高校之间在质量标准的定义，以及相关术语体系在使用等方面存在的不利于实现"广泛可比性"的问题，分析达成这一可比性所需的关键要素，从而通过明确质量标准、规范术语体系，并据各学科制定学科基准（Subject Benchmarks），使之具备可操作性。此项工作最后由高等教育质量保证署（Quality Assurance Agency in Higher Education，QAA）最终完成。

1991~1994 年，两个机构先后（1992 年之前是学术审计处，之后是高等教育质量委员会）对 69 所高校开展了质量审计。1994 年 9 月，质量委员会分析了这一阶段（1991 年 4 月至 1994

年 4 月）的审计报告以及报告所使用的材料，总结了这一阶段审计工作发现的问题及审计自身存在的问题，并发布了《从院校审计中学习系列之一》（以下简称报告 1）的报告。这份报告阐述了英国大学 20 世纪 80 年代以来建立内部质量保障机制所取得的成就，主要针对的是那些 1992 年以前建立的大学，只有 5 所是 1992 年后建立的大学。报告 1 指出了英国高等院校在它们对质量保障的各种措施中所反映出来的多样化的使命、规模、传统、资源和特色。报告 1 通过一些好的实践范例发现，院校之间的质量管理是可以各有特色的，但是也有很多重要方面需要改进，这些方面主要包括专业设计和审批与资源分配之间的联系，教学评估包括学生和其他反馈资料的使用，教职员工的招聘、提升和培训，学生评估和外部监考员报告的使用。报告 1 非常关注那些引进模块课程引起的问题，如学习及支持资源（包括图书馆、计算机）的缺乏、学生福利和咨询等。此后，该委员会又开展了 48 所高校的审计工作，并于 1996 年提交了《从院校审计中学习系列之二》的总结报告（以下简称报告 2）。在此阶段，审计工作关注的是各院校对本校质量标准的界定、理解与维持，以及如何判断与其他院校的可比性等。此报告覆盖了多类高校，并总结了审计中发现的新问题 ①。报告 2 从 14 个方面对审计报告进行了总结分析，主要包括院校的使命、目的和目标，质量保障的规章与制度，专业在设计与审批、检查与监督方面的质量保障，模块课程和基础课程的结构，机会均等和招生，教学和学生体验、学生支

---

① Brown, R. Quality Assurance in Higher Education: The UK Experience since 1992. London: Routledge Farmer, 2004: 55-61.

持、学生评估和学位分类，外部检查，反馈和提高程序，攻读研究学位的研究生，合作办学（这部分考虑到它的复杂性进行专题分析总结），教职人员的聘用、发展、提升和激励，宣传材料。报告 2 中出现了与报告 1 中类似的问题，比如所有的院校都有正式的专业审批和检查程序，但与资源配置的联系还不是很紧密；很多院校认为正式的教学评估并没有完全渗透到教职员工的评价和提升中；许多院校在使命陈述中强调人力资源的管理、强调院校教职员工的发展实践要多样化，可是培训与发展主要还是针对新的教职员工，并且没有与院校的战略和重点相联系。教职员工的提升标准不固定，研究成果依然是很多院校提升教职员工的主要标准；审计小组发现评估与分类标准及分类方法需要一致性，外部监考员报告与后续检查程序需要改进。报告 2 还发现了一些新的问题：首先，院校质量监控的权力下放给每个系所，但是院校在问责与质量提高方面有转移风险；其次，院校需要反馈程序包括后勤服务和提供的课程，而学生应该经常使用学术申诉机制；最后，虽然很多院校都有保证宣传资料准确性的机制，但是很多案例表明，学生建立在院校宣传资料上的期望与他们实际的教育体验之间还存在差距。到 1996 年 3 月，高等教育质量委员会第一轮的质量审计工作告一段落。

（二）全国统一的质量保障机构——高等教育质量保障署（QAA）的组建与质量保障方法的统一

1. 高等教育质量保障机构的统一

20 世纪 90 年代，虽然英国的高等教育质量保障工作取得了一些成就，但是依然存在很多问题。首先，高等教育质量委员会（HEQC）和高等教育基金委员会（HEFC）下的质量评估委员会

（QAC）的评估工作有很多重复和交叉之处，而且质量评估的标准不一，评估结果也有明显的差异，社会很难辨别不同学校的办学质量。质量评估只是以概括性的分级（"优秀""满意"和"不满意"等）表示各院校质量的不同，没有准确的定量标准，同一质量等级的院校就很难借此进行比较，难以区分各院校的质量差异。加之院校、高等教育基金委员会和学生等评估主体对评估侧重点理解的不同，致使质量监控存在混乱的现象。其次，高校在评估工作方面的负担很重。质量保障机构的费用支出也是其中一项负担，这些资金均来自于政府和各高等院校。国家学位授予委员会的年度预算为 700 万英镑，高等教育质量委员会每年可获得的资金为 250 万英镑，虽然高等教育基金委员会并未公布其支出，但由此可见其费用支出也不会很低[1]。对于高等院校来说，真正的负担并不仅仅在于费用负担，为了应对两个外部机构的评估检查活动，它们要做大量的准备工作，填各种表格、准备各种报告，并接受评估的现场访问，这些工作占用了大量原本可以用于教学和管理的时间与精力。因此，建立单一高等教育质量保障组织，减轻高等院校的外来负担，成为高等院校的迫切要求。此外，评估活动中缺乏专业和更广泛领域人士的参与也是呈现出来的问题之一，而所谓的校外监考员的公正性与专业能力也受到了民众的质疑。1993 年 1 月，《泰晤士报》公布的一项对大学校长的调查显示，82%的校长认为目前的质量保障措施"过于官僚化"[2]。

　　为完善高等教育质量保障机制，使其更好地体现公正性和一

---

①② Brown，R. Quality Assurance in Higher Education：The UK Experience since 1992. London：Routledge Farmer，2004.

致性，1996 年 12 月成立了高等教育质量联合计划小组（The Joint Planning Group，JPG），由其负责履行高等教育质量委员会和高等教育基金委员会对高等教育开展外部质量保障的职能。该小组的主要任务就是为单一质量保障组织的建立制订可行性计划，为1997 年建立的新组织开展各项准备工作。该小组的代表来源主要包括大学校长委员会（CVCP）、大学校长常务委员会（SCOP）、英格兰高等教育基金委员会（HEFCF）、苏格兰高等教育校长委员会（COSHEP），以及威尔士高等教育基金委员会（HEFCW）。1997 年 3 月，基于该小组正式成立了高等教育质量保证署（Quality Assurance Agency in Higher Education，QAA），全面负责英国高等教育质量保障工作。QAA 的建立形成了大学外部质量保障体系的统一运作模式。

　　QAA 作为非营利的有限责任公司，是一个独立的机构，其由董事会领导，执行委员会管理，总部设在英格兰，公司的董事成员由这些代表机构和相关的基金委员会（英格兰、苏格兰和威尔士高等教育基金委员会，北爱尔兰教育处）任命，公司成员由英格兰、威尔士、苏格兰和北爱尔兰高校的领导代表组成。QAA 的工作是以高等教育的重要性、学者的权利、高等教育提供者责任感的重要性和高等教育公共利益的有效性，这四个核心价值为基础。QAA 的工作标准是公正性、专业性、责任性和公开性。董事会对 QAA 的战略发展和事务管理承担责任，负责政策的制定，并按照统一的目标对效能进行监督和全面负责财务的管理。现在QAA 董事会由 15 人组成，其中 4 人由大学校长委员会（CVCP）推荐任命，4 人由高等教育基金委员会（HEFC）推荐任命，6 名独立董事来自于工商界或其他专业领域拥有执业经验的人士，他们均由董事会集体任命，执行官由董事会从这 6 人当中任命，执行官全面负责机构发展政策的制定与组织实施等事务。1 名学生代表由董事会集体决定，其余人员主要来自于原高等教育质量委员会以及质量评价委员会。2009 年以前的董事会只有 14 人组成，2009 年正式把学生吸收为成员，此举作为 QAA 在 2009 年的重大改革，这一人员结构也反映出各方利益的均衡及其管理运作的公正性与合理性。执行委员会在 QAA 的管理层面是决策机构，每周开一次会，由 1 名主席、4 名成员和 1 名秘书组成。QAA 的经费来源主要为高等学校的会费以及委托评审的签约组织等。QAA 接受来自信息安全管理系统（ISMS）即英国标准 7799（此标准规定了建立和管理信息安全必需的程序和标准）和投资者对职员的标准（The Investors in People Standard）（该标准建立了一套通过机构员工来提高机构效能的良好做法的标准）的外部检查。QAA 的所有政策包括法人政策如处理有关高等院校的原则、磋商政策、版权政策、数据保护和隐私等，检查政策如处理投诉的程序、检查小组成员的培训和发展政策等，内部的相关政策如预算管理、业务发展计划、交流战略、财务规章、人力资源政策、信息管理、风险管理政策与战略等全部公开并上网接受外部（会员、利益相关者和合作者）的问责，以上所有的政策都遵循机会均等原则。

QAA 的使命在每个阶段都会随着环境的变化而变化，下面分两个时期（1997~2002 年和 2003~2005 年）对此分别加以阐述：

1997~2002 年，QAA 的使命是通过保证和加强高等教育质量的要求和学位授予标准来提升公众的信心。QAA 主要通过以下途径实现这一使命：与高校一起促进和支持质量与标准并使之不断提高，提供给学生、雇主和其他利益相关者有关高等教育质量和标准方面清楚准确的信息，与高校一起完善和管理资质框架，对学位授予权和大学名称准许提出建议，推动指导学科基准信息的发展，宣传实践章程和良好做法范例，在院校和专业层面进行绩效检查[①]。

董事会认为，1997 年采用的使命已经不能满足全体员工的愿望和 QAA 工作的目的和性质，QAA 希望能对英国高等教育的成功和高效做出应有的贡献。于是在 2003 年综合考虑整个社会环境的发展趋势后，修订了 QAA 的使命。

当时考虑了可能影响 QAA 工作的主要因素：高等教育提供者，学生，国际高等教育的影响，高等教育、国家和社会之间的关系。从环境发展趋势看，高等教育机构可能倾向于很少监管，以产出和学生为中心的组织结构，这样的组织主要的目标不是研究，而是为付费的学生提供高等教育服务，这些服务主要涉及给学生提供可获得全国或国际高等教育资质或资格证书认可的机会，其原因在于高等教育收费制使学生对公众信息的需求增加，对高等教育的质量和标准也存有疑虑。学生需要高校提供可靠的专业说明书对学生将会接受怎样的教育有个清楚的解释，要求准入/招生程序更加透明。学生对评估的标准和方法有了更清楚的了解，希望有更多的学生参与高校内部和外部的质量保障活动，希望提供给学生的投诉和申诉程序更加方便。虽然到 2002 年为止，英国的高等教育在很大程度上没有受欧洲和世界其他国家变化的

---

① QAA Annual Report and Financial Summary 2001-02. Paperback-May. Quality Assurance Agency for Higher Education，2003.

影响，但是在此后的 3 年里或多或少影响了英国的高等教育。当时，国际高等教育的发展情况为：欧洲标准基本框架逐步构建、欧洲评估进程得到发展、国际趋近跨国高等教育政策、欧洲学分互认体系可能要从学分互认转变为学分累计互认、世界贸易组织服务贸易总协定中规定的高等教育市场对国际开放即将来临、国际认证计划将要实施等；高校、国家与社会之间的关系也发生着变化，提出了很多有待思考和解答的问题：高等教育在今天的社会中起怎样的作用？高校自治与公众问责之间怎样才能达到真正的平衡？高校在优质教育的提供者与资质及职业证书的授予者之间是否有明确的区分？高等教育是公共服务产品还是私人产品？高校应该看作是私人机构还是公共机构？QAA 需要考虑在这样的环境下自己应该做和能够做什么，重新确定自己的使命。

于是，2003~2005 年 QAA 重新修订了使命，将此定位于通过合理的高等教育资质标准，鼓励高等教育质量管理的不断提高，维护公众的利益。QAA 为完成自己的使命，与高等教育机构及资助方、教职员工及学生、雇主及其他利益相关主体协同合作，在学位授予标准和高等教育质量保持方面积极确保学生和广大公众的利益；通过学术标准和质量信息的交流，了解学生的选择和雇主的想法，为公共政策的制定提供参考；加强高等教育学术标准与质量的管理和保障；增进对高等教育质量与标准的理解，包括从英国、欧洲和国际实践中提炼的共同参照标准。

2. 高等教育质量保障方法的统一

1997~2001 年，QAA 继续了之前高等教育质量委员会的延续审计（Continuation Audit）和质量评估委员会的学科检查（Subject Review）工作。2002 年，QAA 取消了学科检查，使英格兰高等教育外部质量保障方式统一为院校审计（Institutional Audit），其原因主要如下：

作为对质量评估委员会学科检查工作的延续，QAA 进行了从 1997~2001 年的学科检查，对大学和学院的学科教学水平和学位授予工作进行了全面的考察和评估。历时九年（1993~2001 年）的学科检查被认为是英国高等教育领域中最大的单项人员培训项目，它涵盖了英格兰高等教育基金委员会资助的 62 个学科领域，发布了 2904 个学科检查报告和 62 个综合报告，培训了 5700 名评估专家和 98 名评估小组负责人①。学科检查促进了学校更多地关注教学质量，提升了教学的地位，听到了学生的声音，促使学校更加关注职员的发展，使学校内部的管理政策和规章更加严谨。

同时，在运行过程中，学科检查的弊端也逐步显现，遭到了教育界和社会强烈的批评。2001 年 1 月，英国华威大学（The University of Warwick）六名经济学教授写信给《卫报》（*The Guardian*），认为这"可能是人类发明的最具有破坏性和毁灭性的管理制度"。此间，《泰晤士报（高等教育增刊）》（*THES*）上批评学科检查的文章不断出现，英国谢菲尔德哈莱姆大学（Sheffield Hallam University）教师戴维·劳顿（David Laughton）对《泰晤士报（高等教育副刊）》2001 年 1~8 月发表的有关对学科检查的评论进行了收集分析，相关评论批评学科检查增加了高校的管理成本，并对评估方法和结果的可靠性表示怀疑，同时认为评估背离了英

---

① 2003 年 11 月 25 日，伦敦大学教育学院巴内特（Ronald Barnet）教授为中国教育部"高校内部事务管理（课程管理与质量保证）培训考察团"所作的报告。

国学术文化的核心价值，从而对评估的基本前提提出了质疑 ①。现将类似观点总结如下：

第一，学科检查增加了院校的管理成本。学科检查不仅评估费用很多，而且时间、人力和材料资源的成本也很高。院系需要花费 12 个月甚至更长的时间准备迎接 QAA 的检查，评估的过程中会涉及大量的文件资料和统计数据，而且评估机构还不断地向院校提出各种规范要求。

第二，学科检查给院校带来了很大的压力。因为根据 QAA 的评估打分对所有学校进行了排名，这样就不可避免地对学校进行了等级划分，巨大的压力使院校及教职员工的注意力从学校生活的其他方面特别是课程的创新转向检查，也导致了辍学率升高。

第三，鉴于院校可以对学科检查报告提出修改要求，院校的很多学术人员对学科检查的客观公正性和有效性提出了质疑。

第四，学科检查结果的可信度令人质疑。1992~1995 年对英格兰和北爱尔兰的 144 所院校进行学科检查的结果表明，将近 77%的人类学系达到了优秀，而计算机科学系只有 11%达到优秀 ②。2003 年发布的报告中，所做的 3311 个学科检查中只有 35 个是不合格的 ③。在老大学、新建大学（1992 年后的大学）及高等教育学院之间，评估结果有着显著的等级差异。老大学大约 47%的院

---

① Laughton, D. Why was the QAA Approach to Teaching Quality Assessment Rejected by Academics in UK HE? Assessment & Evaluation in Higher Education, 2003, 28 (3).

② Brown, R. Quality Assurance in Higher Education: The UK Experience since 1992. London: Routledge Farmer, 2004: 75.

③ 国家教育发展与政策研究中心. 发达国家教育改革的动向和趋势（第六集）[M]. 北京：人民教育出版社，1999.

系达到了优秀，而新建大学只有大约 11% 的院系达到优秀，如表 2-1 所示。

表 2-1　1992~1995 年英格兰和北爱尔兰院校学科检查结果统计

高校类型	结果		
	优秀	满意	不满意
老大学	46.94	52.81	0.24
新建大学（1992 年后建的大学）	11.21	87.36	1.44
高等教育学院	9.66	86.93	3.41
平均分	26.58	72.13	1.29

资料来源：Brown, R. Quality Assurance in Higher Education: The UK Experience since 1992. London: Routledge Farmer, 2004: 76.

第五，学科检查作为外部强制性的质量监控机制，与传统的院校自我监控机制与理念发生了强烈的冲突。在 2002 年教育部中外大学校长论坛会上，剑桥大学的副校长安妮（Anne）就指出，"高等教育质量保障署"这套官僚体制的检查过程其实是极具破坏性的，因为其潜在的危害表现为教师个人长期培养起来的责任感和良好愿望可能会被减弱"①。

此外，还有一些其他的批评之声，如学科检查的量化结果不能反映所有的实际问题、学科检查结果在院校之间不具可比性、该方法没有抓住教学过程的本质且对课程设置的要求也不尽合理等。

因此，2001 年 7 月，英格兰高等教育基金委员会在与高等教育质量保障署、英国大学协会和大学校长常务委员会协商一致后发布了《高等教育质量保障咨询报告》（*Quality Assurance in Higher*

_____

① 教育部中外大学校长论坛领导小组. 中外大学校长论坛文集 [M]. 北京：高等教育出版社，2002：253.

Education：Proposals for Consultation），提出由院校审计代替学科检查作为外部质量保障的方法，学科检查自此废除。该咨询报告指出，今后质量保障目标的实现将主要依靠各高等院校的内部质量保障体系建设，外部审计工作将致力于审计高等院校内部质量保障体系的可靠性和有效性，避免外部评估活动的重复开展。该报告进一步强调质量提升以及满足公众对院校质量信息的需求，要求院校要通过"教学质量信息"网站公布自身的质量和标准信息，以及学生调查结果等。"质量保障框架"（Quality Assurance Framework，QAF）由此确立。该框架包括了院校审计、合作办学审计（Collaborative Audit）、教学质量信息网（Teaching Quality Information）和全国学生调查（National Student Survey）四部分。质量保障框架的目的是"保证高等院校有效使用获得的公共资金和履行对公众的责任，与其他质量保障机制一起促进教育质量和标准的提高，为学生、雇主及其他利益相关者提供每所高校可靠的质量信息，鉴别高校内部质量保障体系存在的问题并责令其迅速采取改进措施"[1]。除此之外，质量保障框架还有"保持公众对高等教育的信心、维护英国高等教育的世界声誉等一系列潜在目的"[2]。质量保障框架的具体内容将在本章第二节中介绍。

QAA 于 2002 年 8 月发布了英格兰《院校审计手册》（*Handbook for Institutional Audit*）作为新方法的指导，新方法所遵循的原则是"更轻接触"（Lighter of Touch）。该方法于 2003 年 2 月正式实

---

① HEFCE. Quality Assurance in Higher Education：Proposals for Consultation，2001，45（1）.

② HEFCE. The Costs and Benefits of External Review of Quality Assurance in Higher Education. A Report by JM Consulting Ltd to HEFCE，Universities UK，SCOP，the DfES and the Quality Assurance Framework Review Group. Bristol，2005.

施，至 2005 年结束，这一阶段作为过渡期，从 2006 年起六年循环一次。QAA 放弃原来的质量审计和学科检查方法，采用院校审计方法是英国高等教育外部质量保障制度的一次重大改革。至此，统一机构统一方式的高等教育质量外部保障体系已经形成。2002 年以后的院校审计工作情况和工作的效果评价将在本书后面章节展开论述。

此外，由英国高等教育基金委员会每 4~5 年组织一次的科研评估，其评估结果与拨款挂钩，这是外部保障院校科研水平的方法，对学校的影响力很大。由于本书研究的是本科教学质量，故未涉及。在英国，院校里授予专业或职业资格证书的专业如土木工程、会计、法律和牙医等还要接受有关行业协会或职业机构的认证。同时，这些职业的人员均需通过有关专业机构的考核，合格者方可注册开业。在相关的注册条件中，高等学历极为重要，申请人所就读的专业点必须是经相关专业机构认证的。英国有 200 多个法定和专业机构对学校的相关专业进行专业认证或会员注册，这也是外部高等教育质量保障的方式之一。英国的一些新闻媒体常常通过对大学的社会声誉和学术地位等指标的调查对高校进行排名，以此来引起社会对高等院校质量的关注，引导学生选择合适的就读专业和学校。比如《泰晤士报》《每日电讯》《卫报》等都对英国大学做过排名，其中《泰晤士报》组织的大学排名由于其指标设计较为合理、数据来源可靠，具有较高的社会信度和影响力，这也是推动和提高院校教育质量的一种手段。

第二节　高等教育外部质量保障体系的现状分析

随着世界各国高等教育质量保障运动的持续推进，高等教育质量保障的理念和方法也在响应高等教育的新要求而不断发展。英国一直是高等教育质量保障的前沿阵地，以关注院校内部质量保障工作的有效开展为重心，其外部质量保障体系总是处于动态的发展之中。院校审计（Institutional Audit）正是在长期的实践中，各方利益主体力量权衡下逐渐形成的一种模式，较为理想地以第三方的属性代表了政府、院校和以学生为主的社会各方的利益，这也是迄今为止相对成功的高等教育外部质量保障模式的创新之一。

本节主要致力于对英国高等教育质量保证署（Quality Assurance Agency for Higher Education，QAA）的院校审计机制进行研究。英国的院校审计大致可以划分为过渡期（即首轮院校审计，2002年9月至2005年6月）和稳定期（即第二轮院校审计，2006~2011年）两个阶段，下文将在阐述院校审计的由来、内涵及特点的基础上，从这两个阶段介绍和分析院校审计的现状。

一、院校审计的由来、内涵及特点

（一）审计在英国高等教育质量保障领域的引入

"审计"作为高等教育外部质量保障活动的一种方法，最初源于财务审计。20 世纪 80 年代末 90 年代初，英国大学校长委员会（The Committee of Vice-Chancellors and Principals of the Universities of the United Kingdom，CVCP）为其所领导的"学术审计处"（Academic Audit Unit，AAU）寻求合适的工作方式，在考察了包括皇家督学处以及全国学位授予委员会在内的各种模式后，决定将财务审计的方法运用到保障学术质量的工作中来，并于 1990 年 10 月开始对所有大学进行质量审计。在审计中，学术审计处既不直接检查课程或教学，也不对课程进行审批，而是检查和评议各大学内部在保证教学质量方面的工作或机制，重点检查各大学的内部质量保证机制在多大程度上有利于实现校方所制定的质量目标，即质量保障机制的有效性。

此后，在英国高等教育结束双轨制、建立单一的高等教育框架的背景下，大学校长与副校长委员会以及多科技术学院院长委员会于 1992 年 5 月组建了高等教育质量委员会（Higher Education Quality Council，HEQC），着手进行"学术质量审计"，继续在院校层面审计学术质量和标准。其间，高等教育基金委员会（Higher Education Funding Council，HEFC）设立的教学质量保障委员会（Quality Assurance Committee，QAC）也实施了学科层面的教学质量评估。于是，此间便形成了两套不同的高等教育质量外部评估体系，HEQC 和 QAC 同时承担着高等教育质量保障工作。这样也随之产生了诸多问题，如：第一，两者在工作上的重复；第二，标准及评估结果的不一致；第三，院校在财力、时间及精力上的重负；等等。这些问题使政府、大学和拨款机构等都意识到有必要进一步改进高教质量保障机制。

（二）院校审计的形成及内涵

鉴于上述问题，经联合计划小组（The Joint Planning Group，JPG）[①]和高等教育咨询委员会（迪尔英委员会）的前期调研，于1996年12月成立了"高等教育质量联合计划小组"，接手履行HEQC与QAC对高等教育质量保障和评估的职能。1997年3月，又在该小组的基础上，以非营利有限责任公司的性质（作为独立机构，由董事会领导，执行委员会全面管理）正式成立了高等教育质量保障署（QAA），全面负责英国高等教育质量保障事宜（1997~2001年由其继续进行之前高等教育质量委员会的延续审计工作和质量评估委员会的学科检查），从而形成了大学外部质量保障体系的统一运作模式。后又鉴于保障措施运行中存在的问题，以及各方对以学科检查为主的批评不断加剧，QAA于2002年以质量保障框架（Quality Assurance Framework，QAF）取代了之前的延续审计和学科检查活动。此框架主要由院校审计、合作办学审计（它只作为院校审计工作的组成部分，一般不单独进行合作办学审计，也不单独出具报告，只针对合作办学规模大且复杂的院校单独派遣审计小组进行办学审计并单独出具审计报告）、教学质量信息网（Teaching Quality Information，TQI）和全国学生调查（NSS）等构成。该质量保障框架的目的在于"保证高等院校有效使用所获公共资金并对公众负责，与其他机制一起促进教育质量和标准的提高，为学生、雇主及其他利益相关者提供可靠

[①] 联合计划小组是由大学校长委员会和英格兰高等教育基金委员会于1995年组建的，该小组的代表来自大学校长委员会（CVCP）、校长常务委员会（SCOP）、英格兰高等教育基金委员会（HEFCF）、苏格兰高等教育校长委员会（COSHEP）和威尔士高等教育基金委员会（HEFCW），其主要工作是为单一质量保障组织的建立提出详细的建议，形成可行性方案，根本目的在于为1997年2月建立的新组织做准备。

的有关各院校教育质量和学术标准方面的信息，鉴别院校内部质量保障方面存在的问题并敦促其及时采取改进措施"①。此外，该质量保障框架还具有诸如保持公众对于高等教育的信心、维护英国高等教育的国际声誉等一系列潜在目的②。自此，院校审计成为当前英国高教外部质量保障措施的主要方式之一，其严格遵循质量保障框架的要求，并制定了新的原则——"更轻接触"（Lighter of Touch），这可以理解为审计活动将在保持有效性的基础上，尽可能减少评估对院校正常教学与管理工作的打扰。

　　具体而言，院校审计在理念上与过去的评估方法（如学科检查）有着重大的区别，其最显著的特点是审计工作的重点不在于直接评估院校的教育质量，而是评估院校内部质量保障机制的有效性。院校审计的目的在于保证各院校都能提供质量合格的高等教育（服务），使之授予的学位和资质都能达到既定标准并遵循严格的授予程序，以满足公众的需求和利益。院校审计的具体目标如下：结合其他的管理机制，帮助促进和加强教学质量；保证学生、雇主及其他相关人员可以获得容易理解、可靠且有效的院校公众信息，如各院校的专业、学位及资质授予在何种程度上达到了国家的学术质量标准；保证当某些院校在专业教学、学位及资质授予上存在缺陷时，院校审计可以促使其立即采取改进措施；保证公共资金的有效使用③。

---

　　① HEFCE. Quality Assurance in Higher Education: Proposals for Consultation, 2001, 45 (1).

　　② HEFCE. The Costs and Benefits of External Review of Quality Assurance in Higher Education. A Report by JM Consulting Ltd to HEFCE, Universities UK, SCOP, the DfES and the Quality Assurance Framework Review Group. Bristol, 2005.

　　③ QAA. Handbook for Institutional Audit: England. Quality Assurance Agency in Higher Education, 2002: 2.

总的来说，从 QAA 的建立到院校审计最终取代之前的评价方法，这是英国高等教育外部质量保障制度一次重要的改革，统一机构、统一方式的高等教育质量外部保障机制在一定程度上得以形成。

（三）院校审计的特点

从院校审计的设计初衷与实践综观之，总结其特点如下：

1. 活动上所体现的辅助性与服务性

院校审计致力于院校制度层面的质量保障，服务于辅助院校内部质量保障体系的改进与经验交流，服务于学生、雇主及其他利益相关者对院校的学术质量标准等可公开信息的需求，服务于向拨款机构和公众提供院校的质量信息与公共资金的有效使用情况。总之，在院校质量保证与促进的角度，其表现出较强的辅助性；在院校质量相关信息的发布层面，其表现出较强的服务性。

2. 主体间所体现的督促性与协作性关系

一方面，从院校审计的执行主体——QAA 与接受审计的院校之间的关系看，表现出 QAA 对院校内部质量保障制度及其有效性的监督，代表相关利益主体实现一定程度的"问责"，院校需要向其提供内部质量保障体系运行有效性以及审计过程中可能涉及的改进程度的证据。另一方面，从整个高等教育质量保障的总体角度看，双方存在着很强的协作关系，如在一些措施、文件的制定环节中会有必要的协商与沟通，总之都是要共同致力于一个核心目标，即院校内部质量保障体系的建设与完善，以追求高等教育质量的保证与提高的使命。

3. 制度设计上所体现"趋小干预性"、灵活性和中介性

从院校审计的形成背景看，之前的延续审计和学科检查（尤

其是后者）备受争议的重要原因之一就是，它们对院校而言形成了极大的管理和成本负担，最令院校抵触的是如此重负使人们的注意力从学校工作方面特别是课程的创新转向检查①。院校审计在设计中就融入了要克服此障碍的思路，让学校在学术及质量保障上有充分的自主空间，从院校审计所遵循的原则——"更轻接触"（Lighter of Touch）也可见此意。尽管在第一轮审计中，院校仍对学科审计追踪（Discipline Audit Trails）持有负担过重的看法，但各界反应总体上较之前大有改观，并且在第二轮院校审计中，已采用更加灵活的方式进行学科层面的审计追踪，使之既起到检验院校内部质量保障体系实际执行效果的实证作用，又不至于成为以往学科检查的缩小版。此外，院校审计在实施过程中，保持阶段性的自省（对工作的自我反思和检查），在保证总体可比性的基础上，对工作中发现的不足及时改进，以更好地服务于学生和其他利益相关者，更好地实现其联系政府、社会和院校的纽带作用。

4. 内涵上（或生命力上）所体现的动态性与发展性

院校审计作为外部质量保障的一种模式，但在实践中并没有因此而故步自封，其内在要素恰恰是在持续发展之中。从使命、目标到审计的内容、程序都在积极根据外部反馈进行调整和完善，并正在加强与欧洲高等教育区质量保障活动的联合。从融入欧洲的做法看，显然有赢取高等教育市场空间的考虑，但从院校审计作为一种独立的外部质量保障方法的角度看，国际化的思路

---

① Brown, R. Quality Assurance in Higher Education: The UK Experience since 1992. London: Routledge Farmer, 2004.

必然使之走得更远。

二、过渡期（2002 年 9 月至 2005 年 6 月）的院校审计工作

（一）院校审计工作的内容和程序

1. 审计小组成员构成与职责

高等教育质量保障署（QAA）根据院校的规模和复杂性来决定审计小组的人数。审计小组一般包括 4~7 名审查员和 1 名审计秘书。每个审计小组都有 1 名"核心"审计员（相当于组长）负责整个院校层面的事务，确保小组能提供充分的证据，做出总体判断，其他的审计员负责专题调查和学科审计追踪。所有的审计员都有专业技能和丰富的教学管理经验，并由 QAA 通过公开选拔标准选拔，从院校提名的候选人中选出，尽可能使性别、种族、区域、学科、部门等因素在审计员队伍中保持平衡。审计秘书一般从院校资深的行政职员中招聘，主要负责在进校调查期间的行政支持和协调联络工作。所有的审计员和秘书都要进行培训，确保它们熟悉审计目的、目标和程序、自己的角色和任务。审计员与 QAA 签订协议，规定在两年里至少要参加三次审计工作。如果双方愿意，可以续签协议。每个审计小组都有一名 QAA 的副主管统筹，在审计之前，副主管给予院校有关准备工作的建议，并参与 QAA 信息处与审计组对相关材料的初步分析事务。副主管陪同审查组参与短期调查和后期的审计调查，并提出适当建议，其职责在于考察审计小组所得出的结论是否具备充分确凿的证据支持，审计报告中的信息是否完整，报告附录中是否提供

了详细的论据与分析①。

2. 院校审计的内容

院校审计的内容主要有以下三方面：一是依据 QAA 制定的保障高等教育质量和学术标准的实践准则（Code of Practice for the Assurance of Academic Quality and Standards in Higher Education），审计院校的内部质量保障体系及机制的有效性，检查院校是否对专业质量和学位授予标准进行定期检查并执行检查时所提出的建议。其目的在于，从院校作为全国性乃至国际性的高等教育学历提供者的角度出发，为公众提供有关院校稳健性方面的信息。二是根据英格兰高等教育基金委员会（Higher Education Funding Council for England，HEFCE）规定的信息要求，审计院校所公布的有关专业质量和学术标准信息的准确性、完整性及可靠性。其目的在于，从院校所发布的质量信息是否可信的角度出发，为公众提供相关信息，并使院校提供的信息对学生和其他利益相关者更加有用。三是从院校层面（专题调查）和专业层面（学科审计追踪）选取几个实例，以证明院校所提供的有关内部质量保障体系的信息是否有效和可靠。审计追踪是一种有组织的从文件材料和会议中收集院校质量管理程序和过程及其影响相关证据的技术，主要是为了测试院校质量管理程序的有效性。在检查以上三方面内容的过程中，审计小组所关注的侧重点在于以下方面：院校自身对内部质量保障的检查工作及其结果，特别是学科和专业层面的检查工作；院校使用外部参照标准的情况，如实践准则、

---

① QAA. Handbook for Institutional Audit：England. Quality Assurance Agency in Higher Education，2002：5.

高等教育资质框架及学科基准等；有关专业质量和学位授予标准的公众信息；院校内部管理教学信息的机制及其有效性；制定、使用和公布专业细则（Programme Specifications）的情况；学生期望的学术标准及其实现程度；学生的学习经历；教师的质量保证，包括聘任标准、对有效教学的评价、提高及奖励的方法等①。

3. 院校审计的程序

院校审计的程序主要包括准备阶段、院校调查阶段、审计报告发布及后续调查阶段。

（1）准备阶段。QAA 在正式审计工作开始之前 40 周，指定一名信息处的副主管负责某一院校的相关事务，比如院校制定的质量管理和标准、访问院校、会见学生代表、简要介绍有关的审查流程、对院校提出的问题进行答疑等，院校也会推荐一名联络员提供一些帮助。QAA 接收院校递交的审计所需的原始材料，包括院校自我评估报告、院校希望在调查开始前提供给审查组的其他材料和学生会提交的"学生建议报告"。在审计开始前 36 周，QAA 与院校一起召开预备会议。会议的目的在于以下几点：确定审计调查的范围，讨论院校、QAA 和审计小组之间的互动合作，确保院校自评文件报告与审计程序的一致性，确定选择学科审计追踪和专题调查的范围。QAA 将收到的院校审查材料下发临时审计小组，同时临时审计小组还收到信息助理提供的相关资料。在这些材料分析基础上，审查小组选出拟跟踪审计的学科领域和有待考察的专题调查领域。审核调查前 32 周，向院校方通告审核

---

① QAA. Handbook for Institutional Audit: England. Quality Assurance Agency in Higher Education, 2002: 3.

小组的规模和学科审计追踪的数量。在审计调查开始前 14 周，QAA 确定正式的审计小组成员，并向审计院校提供一份学科审计追踪的清单。

（2）院校调查阶段包括简单调查和审计调查。简单调查（The Briefing Visit）在审核调查 5 周前进行，最多持续 3 天，其中在院校的工作最多 2 天。其目的在于以下方面：允许审计小组收集任何附加的信息，考虑审计调查的路线，以及提议调查计划。审计调查需持续 5 个工作日，每个调查的详细计划由审计小组决定，其访问内容主要包括如下方面：院校的质量保障方法；院校（内部）评估程序与学科层面实际运作之间的关系，尤为关注院校内部评估课程和奖励的标准，以及程序的有效性；院校贯彻落实准则、学科基准和高等教育基金委员会相关要求的方式；学科审查与专题咨询，涉及工作包括开展有目的的讨论以及学生评价检查；信息的准确性、完整性和可靠性；为课程质量提高所做的努力以及学生实际达到的成绩。在审计调查期间对确定好的学科进行审计追踪和相关专题调查。院校审计中使用的"参照点"包括高等教育资质框架（Framework for HE Qualifications）、学科基准（Subject Benchmark Statements）、QAA 的《实践准则》（The QAA Code of Practice）和专业细则（Programme Specifications）。审计结论分为"广泛信心"（Broad Confidence）、"有限信心"（Limited Confidence）和"没有信心"（No Confidence）。"广泛信心"表明院校有效地采用了质量和标准管理的严格质量保障体系，也包括院校在内外部评价中使用独立的外部监考员。"有限信心"表明在现有质量保障体系的管理或执行中，存在着明显的不足，或者是在公开信息的可靠性方面尚存疑问。对此，院校将被要求在 3 个月内采取补救措施。"没有信心"是指院校在对学术标准和质量的管理上存有严重的不足，或者是公布的信息不可靠，甚至带有误导性。对此，院校将被要求立即采取整改行动，并向 QAA 提交"整改行动计划"和"进度报告"。QAA 会在 18 个月后再次调查，到时，对院校的信心若还是存有疑虑，可能决定执行进一步的院校审计。院校审计的结果最后由 QAA 以报告的形式对外公布，审计小组的判断主要集中在两个方面：第一个方面是该院校当前的教学质量及学位授予标准管理是否得当，及其能否在将来继续保证适当的质量和标准；第二个方面是院校自己对外公布的有关质量和标准方面的信息是否准确、完整、可靠等。在做出这些判断时，审计小组在两个方面给予了特别的关注：一是院校是否大量且谨慎运用了外部监考员的评价信息；二是院校内部对学科专业的周期性检查是否有外部评价人员参加①。在审计调查的最后一天，审计小组考虑院校和学科层面的调查结论，确定哪个学科领域需要聘请专家顾问，并通知院校。在审核结束后 2 周内，调查小组通过信息助理将审计结果概述信函送交院校，当中也会涉及可能在报告草案中提出的建议。

（3）审计报告的公布与后续调查阶段。一般情况下，QAA 在审计调查后 20 周内公布最终的审核报告。报告不仅供专业人士参考，同时也为非专业读者提供相关信息，特别是为准备择校的学生提供参考信息。如果报告的陈述是"广泛信心"，在报告公布时审计工作结束，QAA 在一年后通过信件对院校进行简单调

---

① QAA. Handbook for Institutional Audit：England. Quality Assurance Agency in Higher Education，2002：29.

查。如果报告显示的是"有限信心"或"没有信心",那么就算报告公布了,还会继续进行调查行动。QAA 要求院校在报告公布3 个月内提交整改行动计划,并在此后向 QAA 提交关于如何执行整改行动计划的进展报告,直到院校成功地执行该计划(最大限度为 18 个月),QAA 感到满意时审计才正式结束。倘若院校对审计的过程或结果存有不满,可以投诉或申诉,QAA 将按公布的投诉程序进行处理 ①。

(二)QAA 的学术规范体系(The UK Academic Infrastructure)

QAA 自成立以来,就与院校一起致力于研制质量保障框架(QAF)。2002 年 QAA 推出了质量保障框架,该框架包括院校审计(Institutional Audit)、合作办学审计(Collaborative Audit)、教学质量信息网(Teaching Quality Information)、全国学生调查(National Student Survey)和学术规范体系(Academic Infrastructure)等内容。学术规范体系是质量保障框架的重要组成部分,它提升了整个英格兰高等教育标准的可比性,因为英格兰没有全国统一的院校课程或全国性考试,有授予学位权利的院校自己对其授予学位的质量负责。虽然学术规范体系意在说明英格兰学术标准,但能为英国所有院校的学位授予提供标准,QAA 在院校审计手册中明确规定参与院校审计的所有院校需要参考英国的学术规范体系和欧洲高等教育区的质量保障标准和指南(the Standards and Guidelines for Quality Assurance in the European Higher Education Area,ESG)。英国的学术规范体系主要由以下相互关联的四部分

---

① QAA. Handbook for Institutional Audit:England. Quality Assurance Agency in Higher Education,2002:15.

构成：

1. 学术资格框架（Qualification Framework）是全国学位与学历的学术标准和质量准则

学术资格框架主要是为了给高等教育部门和外部监考员提供设置和评价学术标准的主要参考点，帮助确认潜在的进步途径，特别是在终身学习的环境下，通过高等教育部门使用统一的学术资格促进人们对相应资质的共识。它将英国的高等教育学位和学历分为五级（三级本科层次，二级研究生层次），每一级中包含一种或若干种处于同一级别的资格：C 级的高等教育证书，I 级的基础学位，普通（学士）学位、高等教育文凭和其他高等教育文凭，H 级的荣誉学士学位、本科证书和本科文凭，M 级的硕士学位、研究生证书和研究生文凭，D 级的博士学位。上述各类证书与文凭的区别为：证书相当于至少全日制 1/3 学年的学习，而文凭相当于至少 2/3 学年的学习。C 级证书可以是获得更高资格的第一级，学位专业的学制都不短于全日制一年。I 级学历和学位的设置有意留有较大的发展空间，各种新设置的专业往往先在这个层次上。在 H 级中的荣誉学士学位中，如果所学课程跨两个专业，且两个专业的课程分量也差不多，则可称为双学位。如果两个专业一个为主一个为次，但后者不少于教育计划总量的 1/4，则可称主辅修学位。通常，所学课程不应跨越三个以上的学科，如果主要学科多于三个，则称为这些学科的组合学位。M 级中的硕士学位分为课程型和研究型，或者是两者的混合型，学制多为全日制一年，也有多于一年的或多年的，选修者多为荣誉学士学位获得者。理科中有一些硕士学位的学制是全日制四年的，即比通常的荣誉学士学位多一年，它实际上是扩展了的本科专业，由高中毕业生作为第一学位资格直接修读①。具体的级别和要求如表 2-2 所示。

表 2-2 学术资格框架所界定的学位与学历的学术标准和质量准则

级别	学术水平要求	应具有的能力
C 级：高等教育证书	掌握与其所学领域有关的基本概念和原理，并具备对其所学领域有关内容进行评价和解释的能力 具备对定性和定量资料进行表述、评价和解释，提出论点，并据所学学科的基本理论和概念做出合理判断的能力	①能有效选择在所学领域或工作范围内评价解决问题的各种方法 ②能准确可靠地交流其研究或工作的成果，并提出有力的论据 ③能在有组织、有安排的情况下接受培训，学习新技能 ④具备承担一定程度责任的工作所需要的素质与应变能力
I 级：普通（非荣誉）学士学位	掌握并批判性地理解其所学领域中成熟的原理，以及这些原理的建立与发展途径 具有应用其所学领域之外的基本概念与原理的能力，包括在就业时，运用这些原理的能力 掌握本门学科主要的研究方法。批判性地评价在其所学领域内选择有效解决问题的不同方法 理解其所学知识的局限性，并知道这样的知识结构会怎样影响自己的分析和解释能力	①运用一系列已有的方法进行批判性的信息分析，并针对分析中发现的问题，提出解决办法 ②以多种方式有效地与专家和非专家交流信息、论证和分析，并有效地选用本专业的主要方法 ③能接受培训，扩展现有技能，获得新的能力，使他们能在组织机构内承担重大责任 ④具备能承担责任并做出决策的工作所需要的素质和应变能力
H 级：荣誉学士学位	系统理解其所学领域的主要内容，并获得系统而详细的知识，其中至少有部分内容是处于本专业中某些方面的前沿 具有在本专业领域内准确选择使用已有的分析与研究方法的能力 具有概念性的理解 具有鉴别知识中不确定、不明确和局限性的能力 具有安排自己学习的能力，能综合运用学术评价和相关主要资源	①运用学过的方法和技术，去评论、强化、扩展和应用其所掌握与理解的知识，并能创建和完成专题项目 ②批判性地对论点、假定、抽象概念进行评价、做出判断，并能就某个问题，构成适当的主题以得到解决，或提出若干解决方法 ③能与专家和非专家交流信息、思想、问题和解决方法 ④具备就业所需要的素质和应变能力。这种就业要求包括：个人能承担责任并能创新；在复杂和不可预见的情况下进行决策；有学习能力，能接受适当的专业进修，或者类似的培训

---

① 黄华. 对 QAA 学位资质框架和学科标准声明的认识 [J]. 内蒙古师范大学学报（教育科学版），2006，19（7）：79-81.

级别	学术水平要求	应具有的能力
M级：硕士学位	系统地理解知识，批判性地分析当前的问题和新观点，其中大部分内容处于本专业、学习领域，或专门职业领域的前沿	系统地、创造性地处理复杂问题。在没有完整资料的情况下作出合理的判断。并将其结论清楚地与专家和非专家沟通
	掌握自己学术研究领域的各种方法	在处理和解决问题时表现出自主性和独创性。在专业领域内能独立地制订工作计划并付诸实施
	能创造性地应用专业知识和探索新的研究方法	不断掌握新知识和新技能
	具有概念性的理解，批判性地评价本专业当前的研究成果和前沿问题	具有为就业所需要的素质和应变能力。这种就业要求包括：个人能承担责任并能创新；在复杂的和不可预见的情况下进行决策；为继续提高专业水平所具有的独立学习能力
	对学术研究方法进行科学的评价。在适当的场合提出新的假设	
D级：博士学位	通过原创性的研究创立或阐明新知识，其质量能够通过同行专家评审，并能扩展本专业的前沿，有出版价值	在没有完整资料的情况下，在专家层次上，对复杂问题作出有见地的判断。并能将其想法和结论清楚而有效地与专家和非专家沟通
	系统地掌握和理解本专业学术领域或本专业职业领域重要的前沿知识	能在先进的水平上，持续开展理论性的或应用性的研究和创新，为发展新技术、新思想、新方法做出重要贡献
	具有为本专业的前沿，发展新知识和新技术，而构思、设计和实现一个项目的综合能力。具有因无法预料的困难，而及时调整项目计划的能力	具有为就业所需要的素质和应变能力。这种就业要求包括：个人能承担责任；能在专门职业领域内，复杂和不可预见的情况下，充分发挥自主首创精神
	全面地掌握用于研究和进行学术探索的各种应用方法	

资料来源：Quality Assurance Agency for Higher Education. The Framework for Higher Education Qualifications in England, Wales and Northern Ireland. Quality Assurance Agency for Higher Education, August 2008：15-24.

从表 2-2 可见，资质框架明确界定了各个层次的学历和学位的学术标准和质量准则，详细地说明了各层次学位和学历持有者理应具有的品质和能力，并要求全国各院校一致采用框架中规定的学历、学位名称。这不仅有利于英国高等教育的规范发展和质量保证，增进公众的理解和信任，便于学生和毕业生的流动，而且方便其他国家的同行对英国学历和学位水平的了解，有利于国际学历的互认。从上表还能看出，社会需要毕业生具有对前沿科学的敏锐性，具有批判精神和创新能力。

2. 学科基准（Subject Benchmarks）是全国各学科教育的学术标准和质量准则，是上述资格框架在学科层面上的体现

QAA 在学科分类上将学科划分为医学、生物科学、化学、工程、法律、历史、教育研究等 42 类，每一类学科下面又包含若干个专业。QAA 就每类学科制定了各层次学位和学历教育的基本学术标准和质量准则。学科基准的内容分为三大部分：第一部分为该学科的定义和说明；第二部分为该学科的学术标准和质量准则，其中包括优、良、合格等 3~5 个级别的学习产出标准和准则，以及教与学的特点等；第三部分是评估。学科基准表明了对于某一学科的毕业生来说，应该达到的成就和具有的品质。学科基准为院校课程的设置提供了参考，也帮助外部监考员和学科评价者对标准进行比较，同时也为学生和雇主提供了信息。QAA 已完成农业、林业、农业科学和消费科学，动物学，区域研究，艺术与设计，生物医学科学，建筑和检查，通信、传媒、影视和文化研究，戏剧、表演，牙科，健康研究，艺术历史、建筑和设计，语言和相关研究，语言学，材料科学，数学、统计和运筹学，医学，音乐，药学，物理学、天文学和天体，心理学，城镇和农村规划，畜医学，威尔士语等学科的基准制定。

QAA 学科基准有四类：第一类是荣誉学士学位的学科基准。学科基准用于以下学科（47 门学科）：会计学，农学、林学、农业科学、食品科学、消费科学，人类学，考古学，建筑学、建筑技术、造园术，学科领域研究，艺术与设计，生物医学，生物科学，建筑和测量学，商业与企业管理学，化学，名著和古代史，通信、传媒、影视和文化研究，计算机应用学，舞蹈、戏剧和表演，牙科，地球学、环境科学和环境研究学，经济学，教育研

究，工程学，英语，地理学，健康研究，历史学，艺术、建筑和设计的历史学，休闲娱乐、运动和旅游，语言文学和相关学科，法学，图书管理和信息管理学，语言学，材料学，数学、统计学和运作研究，医学，音乐学，视力测定学，药学，哲学，物理学、天文学和天体物理学，政治学和国际关系学，心理学，社交政策和管理、社会服务，社会学，神学和宗教研究，城镇和国家规划，兽医学，威尔士语学。第二类是硕士层面的学科基准。这个基准运用于下面两个学科：商业和企业管理，工程学。第三类是英国国民健康学部的学科基准。这个基准运用于下面的学科：治疗技术、临床心理学、临床科学、营养学、健康咨询学、产科学、护理学、职业治疗法、实践操作学部、眼科学、护理科学、物理疗法、脚病学、弥补术、X 光线照相术、语音治疗学。第四类是苏格兰学科基准，此基准主要适用于苏格兰地区的高等院校，把理论性和实践性相结合，包括了相关行业协会的要求和国家职业标准①。

3. 专业细则（Program Specifications）是一所学校里某一个专业的学术标准和质量准则，专业细则比资质框架和学科基准更为详细和具体

专业细则清楚地描述一个专业的预期学习产出，达到这一产出的途径和方法。QAA 制定了一份《专业细则编写指南》以帮助和指导各校制定自己的专业细则。编写指南阐明了专业细则的性质和特点、内容和用途、编写时应注意的问题等。QAA 在编写指南中没有对院校编制专业细则的方式、内容作出明确的规定，但

---

① Subject Benchmark Statements，http：//www.qaa.ac.uk/academicinfrastructure/benchmark/default.asp.

是建议院校在编制专业规格一般应该包括：授予学位的机构/院校、教学院校（如果与授予学位的机构不同）、行业或法定机构的认证详细情况，最后授予学位的名称、专业名称、招生办公室的章程、专业准入的标准、专业目标、相关的学科基准和其他内外部有关专业产出的参照点、专业产出/成果（知识、理解力、技能和其他的品质），使专业产出得到实现和证明的教学和评估方案，专业结构、要求、层次、模式、学分和奖金；学习的方式；学习的语言；撰写或修改专业细则的日期。另外，院校最好能提供一些专业特色、评估标准、学生支持、评估和提高教学质量的方法，包括学生、雇主、毕业生和其他利益相关者的反馈等信息。总之，专业细则一定要反映出专业类型①。

4. 高等教育学术质量和标准保障的实践准则（Code of Practice for the Assurance of Academic Quality and Standards in Higher Education）（以下简称"实践准则"）是院校如何进行良好的管理质量和标准的指导准则

QAA 公布这个实践准则是为了响应高等教育全国调查委员会报告和苏格兰委员会报告，目的是通过提供一个框架帮助高等院校满足它们履行学术标准和质量保障的责任，在这个框架内院校可以看到各自的所有教学活动质量保障方法的有效性。实践准则的每个部分事先都是与高教部门和主要利益相关团体进行磋商的。它本身就代表英国高等教育的提供者与使用者意见的一致性。它指出了学校应该掌握的工作原则，提供了实施这些原则的指南。这个实践准则适合每所高等院校，不论高等院校的规模、

① QAA. Guidelines for Preparing Programme Specifications，2006.

学科基础、自然环境、人数的多少或传统等。实施准则由一系列的分册组成，如研究生层次的研究专业，合作办学，伤残学生，校外督察，学术申诉和学生的学术投诉，对学生的评价，专业的审批、监控与审查，就业教育、信息与指导，招生和录取等。很多原则贯穿于实践准则各部分，这些原则有助于院校发现和巩固已经形成和正在使用的好的做法，这些主要原则是：①责任明确，例如在特别的活动领域、委员会、董事会、院系、单位、职员、学生和其他人的责任应该有明确的规定。②机会公平与均等原则强调政策与实践要一致。③明确可获得信息的有效性，有关政策、程序、责任和机会等信息应该对所有人明确、及时和可以获得。信息应该帮助学生明白什么是他们应该希望从高等教育经历中获得的，帮助教职员工确保他们付出的努力是有效的。④教职员工的能力，所有的教职员工必须确保有能力履行自己的职责。⑤对政策、程序及实践的监督和检查。⑥在审计和检查中使用实践准则。⑦相关的规章制度。⑧实践准则的获得和修订。实践准则在 QAA 网站上公开，随时接受公众的监督，并根据公众的意见及时进行修订①。

三、稳定期（2006~2011 年）的院校审计工作

（一）院校审计的总目标和审计周期

稳定期院校审计的总目标有以下三项：一是确保英格兰和北爱尔兰的高等教育机构具备有效的质量保障体系，以保障院校的

---

① Code of Practice for the Assurance of Academic Quality and Standards in Hhigher Education. http：//www.qaa.ac.uk/academicinfrastructure/codeof Practice/default.asp.

学术标准都能达到英格兰、威尔士和北爱尔兰高等教育资质框架的要求，同时合理行使它们授予学位的合法权利；二是具备向学生提供高质量学习机会的有效方法，无论是教学型还是研究型的学生，都应能获得高等教育学位和资质；三是具备提高教育质量的有效方法，尤其要加强对外部监考报告、内外部检查中所获信息和利益相关者反馈信息的使用。院校审计活动希望通过保证以上三项目标的实现来满足公众利益。在稳定期，院校审计的周期定为 6 年。

（二）院校审计的内容和程序

在院校审计实践中，QAA 委派的审计小组以学术规范体系为主要参照标准，并结合自身的经验，对院校以下几方面内容做出相应的判断，具体包括：学校发展目标与学校使命的相关程度，学校是否具备管理教育质量和标准的机制及其有效性如何，学校是否具备提高教育质量的方法，学校对学习机会的管理，学校内部是否有对专业的审批、监督和检查程序及其有效性，学校是否有外部人员参与学校内部质量检查的相关程序及其有效性，学校对外部监考员的管理与监考报告的使用情况，学校在建立内部教育质量保障体系时是否参照外部机构制定的质量标准，学校外部行业协会和法定机构对学校专业的检查与认证情况，学生代表在学校及院系层面质量保障活动中的参与程度，学校对学生、毕业生及雇主反馈信息的关注度和使用情况，学校是否通过对教职员工的支持和专业发展来保障教学质量，学校是否通过远程教学方法来保障教育质量，学校是否通过对学生的支持和指导保障教学质量，学校支持学生学习的资源情况，学校对学生学术方面的指导、支持和监督情况，学校与其他机构之间合作办学的情况，学校对外公布的信息是否真实、有效和及时。

合作办学审计是院校审计的重要组成部分，合作办学审计主要审计合作办学的质量，以及有权授予学位的大学对其合作教育机构进行管理的有效性。合作办学审计的宗旨是满足公众利益，让公众了解英国有权授予学位的院校通过与合作机构的合作，正在提供具有合格质量和适当学术标准的高等教育、学位和资格证书，并让公众知道它们在以正确的方式授予学位（具有法律效力）。通常，合作办学审计在对主办学校进行院校审计时一并完成，如果合作办学地处海外或规模很大时，QAA 就会单独对其进行审计。QAA 在审计合作办学时主要的参照点为 QAA 自己制定的《实践准则》、欧洲高等教育质量保障网络（ENQA）制定的《欧洲高等教育区质量保障标准和指南》和联合国教科文组织和经济合作与发展组织制定的《跨境高等教育办学质量指南》。合作办学审计不仅审计学位授权院校关于保障合作办学的教育质量与维持学位标准的体制和程序，还审计这些体制和程序如何通过合作教育机构切实执行。合作办学审计主要审计以下三个领域：一是审计学位授权院校合作办学的内部质量保障体系的有效性；二是审计学位授权学院所公布相关信息的准确性、完整性和可靠性，这些信息主要涉及授予学位的课程质量与学术标准；三是审计学位授权院校教育质量保障体系的一些实例，目的是证明学位授权院校的教育质量保障体系是有效的，公布的信息是正确、可靠的。合作办学审计的程序与院校审计基本类似。

从院校审计的程序看，稳定期与过渡期总体上保持了一致性，具体分三个阶段，即准备阶段、审计调查阶段和公布审计报告及后续活动阶段。只是在稳定期进行了部分时间上的调整，除了上面提及的审计周期的调整，还将用于单所院校审计的时间从 40 周缩短为 28 周。

（三）院校审计的主要关注点

稳定期院校审计的主要关注点有以下四点：

（1）使用外部参照标准。鉴于院校在建立内部质量保障体系时没有参考外部标准的情况，审计小组特别关注院校对诸如《实施准则》《英格兰、威尔士和北爱尔兰高等教育学术资格框架》《学科基准》《专业细则》和《欧洲高等教育质量保障标准和指南》等外部参照标准的参考和采用，关注这些参照标准是否对院校的实践产生影响，在院校管理机制中是否已经采取措施并反映出这些外部参照标准的指导作用。

（2）采用新的审计追踪方法，包括抽样追踪和补充追踪。在补充追踪实例中主要关注那些院校使命或管理教育质量及标准的方法具有特色的方面。

（3）关注研究型研究生的教育质量。审计小组根据《实践准则》中研究型研究生相关准则进行评价，检查保持研究型研究生学术标准和质量的管理制度是否有效。

（4）提高质量的方法。审计小组检查院校是否具备系统的管理和提高质量的方法①。

稳定期院校审计强调审计信息的发布和使用，整个院校审计工作以学生和学习为中心。

（四）中期检查

中期检查作为整个院校审计工作的组成部分，是对院校的学术

---

① QAA. Handbook for Institutional Audit：England and Northern Ireland，2006：7-12.

标准和教育质量持续管理的简短健康检查（A Short Health Check），通常是在院校审计后第 3 年进行。它主要是给院校提供反映自审计后院校在质量和标准管理方面取得进步的机会。QAA 根据检查结果给院校提供注意事项的建议。这些事项可能引起下一轮审计小组的特别关注。中期检查采取的是以文本材料为主的检查，由 2 名资深的 QAA 官员执行。它以院校现有的文件材料为主，尽量少向院校提要求，检查的时间要适合每所院校，作为院校审计时间表的一部分。QAA 的中期检查报告草稿会送给院校提建议，正式中期检查报告会提交给院校和英格兰高等教育基金委员会，但是不公布。中期检查不是审计小组进行的同行检查，故中期检查报告不会改变和修改院校审计小组原先作出的审计结论，但是它可以作为下一次院校审计的支撑材料，也不要求院校对中期检查报告作出正式的答复。

第三节　高等教育外部质量保障体系的效果评价与改革趋势

本节基于笔者在英国的实证调研结果和英国权威部门（英国教育与技能部、QAA、质量保障框架检查小组）的相关调研结果，就院校审计机制在过渡期和稳定期两个阶段的实施效果进行评价，并就 QAA 对院校审计机制所作的改进以及英国院校审计机制的改革重点与发展趋势进行阐述和分析。

一、过渡期院校审计机制的效果评价与改进工作

（一）过渡期效果评价的开展情况

从院校审计效果评价工作的开展情况看，该项评价工作最初源于英国教育与技能部（The Department for Education and Skills，DfES），随后英格兰高等教育基金委员会、英国大学协会及大学校长常务委员会组建的"质量保障框架检查小组"（Quality Assurance Framework Review Group）和 QAA 也分别开展了相关的效果评价工作。总体而言，其作用主要有以下两点：一是实现审计工作的绩效问责，二是总结经验、完善审计工作。各机构开展效果评价的基本情况如下：

2004 年，英国教育与技能部为了向英国下议院公共服务与支出委员会的检查分委员会（the Inspection Subcommittee of the Commons Committee for Public Services and Expenditure）汇报高等教育质量保障活动所有的成本支出和所起的作用，并为进一步调整和制定政策提供证据，委托 JM 咨询公司（JM Consulting Ltd）进行调研。其间，该咨询公司与 12 所接受过审计的不同类型院校的教职员工及学生进行了广泛交谈，并与英格兰高等教育基金委员会（HEFCE）、英国大学协会（UUK）、大学校长常务委员会（SCOP）、QAA 等组织机构就院校审计工作进行了深入的研讨。同年，英格兰高等教育基金委员会、英国大学协会及大学校长常务委员会组建了"质量保障框架检查小组"，聚焦于过渡期内院校审计的影响、效率和成本问题，对接受过审计的院校进行调研。该小组由 1 名组长、9 名小组成员、3 名观察员和 4 名秘书组成，成员的来源广泛，主要来自各类院校、英格兰高等教育

基金委员会、全国学生联合会、总医学理事会、校长常务委员会、教育与科技部以及高等教育质量保障署。此外，QAA也开展了相关调研，以便及时发现问题与开展改进工作。其在过渡期先后对120所参审院校、783名审计小组成员和约200名学生代表就院校审计工作的效果做了问卷调查。

　　下面，笔者基于上述机构开展的效果评价工作，总结分析院校审计机制在过渡期所取得的成效、存在的不足以及所需的相应的改进工作。

（二）过渡期院校审计机制所取得的成效

　　总体而言，无论是QAA的各项调查结果，还是教育与技能部、"质量保障框架检查小组"的报告，均表明调查对象对院校审计工作总体上持肯定的态度。其中，QAA的调查显示，96%的参审院校、99%的审计小组成员以及大多数学生代表均认为院校审计实现了预期目标，即保证了各院校提供质量合格的高等教育，使之授予的学位和资质均能达到既定标准并遵循严格的授予程序，以满足公众的需求和利益。人们认为此举在维护院校教育质量和学术标准的保持与提高方面取得了明显的成效，质量保障中一些好的做法在院校间得以推广。英国教育与技能部（DfES）对院校审计工作效果的调研报告也表明，院校审计工作总体上是令人满意的，达到了预期目标。质量保障框架检查小组（以下简称QAF检查小组）在2005年的《质量保障框架检查：第一阶段成果》报告中也指出：院校审计方法经济有效，并且进展顺利，"质量保障框架"（Quality Assurance Framework，QAF）在过渡期内的试行表明其有效性，并基本实现了该框架实施之初所预定的各项目标，同时建议继续采用院校审计机制。

可见，过渡期的院校审计工作在英国得到了总体上的认可，这些认可最终还是要归结至此项工作所取得的具体成效。分析各项调研对院校审计所取得成效的反馈，大致可以归结为师生受益、院校受益和外部质量保障机制实现干预与成本双降三个方面，具体总结如下：

1. 师生受益

学生受益主要表现为：①为学生提供了反思学习经历的机会；②为学生提供了评价院校质量标准、参与审计和反馈工作、进一步了解审计工作和院校所提供服务及其质量的机会，并使其能力在此过程中得到增强；③为学生提供了对院校质量优劣表达切身体会，或就此表达担忧及指出问题的机会，并为其提供了与学校就教育质量和学术标准进行沟通的机会；④提升了学生的发言权，增进了学生的主人翁意识；⑤有利于院校更多地关注和促进学生经历的丰富。教师受益主要表现为有利于支持和鼓励教职员工的发展，并为他们提供参与审计工作的机会。

2. 院校受益

有关院校受益主要表现为以下几点：①为院校提供了自我反思、评价和提高的机会，促进了院校内部和院校之间的交流；②为院校提供了与同行进行建设性对话的机会；③有利于帮助院校建立内部的质量保障体系，评价院校的优势和有待提高的地方，有利于促进院校教育质量的提高；④有利于进一步确认和证实院校质量保障体系运行的有效性，并使其中一些好的经验或创新方法在院校内外得到更好的交流与传播；⑤有利于维护院校的自治；⑥有利于增进院校内部的团结和凝聚力；⑦有利于提高院校的忧患意识；⑧有利于院校内质量文化的形成，这在审计小组成员的反馈中得到了印证，他们充分肯定了审计中师生们的合作和遍及校园的质量保障意识；⑨院校审计较以往的质量保障方法更为精简，减轻了院校负担，使之切实受益。

3. 外部质量保障机制实现干预与成本双降

从整个外部质量保障活动的层面看，相较于此前的质量保障方式（如学科评估），院校审计表现出的干预和经济成本呈现双降，一方面节约了支出，另一方面更有效地保障了院校的办学自主权与自我质量保障能力。单从经济成本上直观地看，在过渡期整个英格兰地区每年用于院校审计的成本约为 1900 万英镑①，而之前的学科评估每年至少耗资 3000 万英镑②，支出降低超过 1/3。另有报告显示，如果 QAA 对现在的院校审计方法进行改进，预计在稳定期整个英格兰地区每年用于院校审计的成本可以降到 1000 万英镑③，即在过渡期之后的阶段，每年还可减少将近一半的支出。

（三）过渡期院校审计机制的不足及对此的建议

从各项效果评价工作的调研结果可见，过渡期的院校审计工作还存在一些不足。结合这些不足，调研组织者提出了针对性的建议。这些建议主要涉及审计周期、审计队伍的建设与管理、改进审计方法、增进学生参与、修订审计结论与报告、改进信息反馈与发布机制以及进一步提高审计效率等多个方面，具体如下：

1. 调整审计周期

建议院校审计的周期由 5 年一轮调整为 6 年一轮，从而为院

---

①②③ HEFCE. The Costs and Benefits of External Review of Quality Assurance in Higher Education. A Report by JM Consulting Ltd to HEFCE, Universities UK, SCOP, the DfES and the Quality Assurance Framework Review Group. Bristol, 2005.

校落实各项改进和调整工作提供更充分的时间。

2. 进一步加强审计队伍的建设与管理

调研显示，在审计过程中存在由于审计人员缺乏学科专业技能、审计经验和资历，提出的审计建议没有针对性，从而导致院校的不满，进而使审计小组和院校之间的合作效率低下的情况。就此，建议在今后精简审计程序与审计人员队伍，建设一支高素质的审计队伍。这一方面对审计人员的素质提出了更高的要求，另一方面也要求审计小组与院校之间进一步提高合作效率。同时，QAA 也须充分利用院校审计提供的机会，不断加强对审计人员的培训和考核；院校方面也应鼓励本校有能力的教职员工加入审计队伍，为高素质审计队伍的建设提供原动力。

3. 改进审计方法，避免重复检查，使院校减负

在调研中，院校均反应学科审计追踪（Discipline Audit Trails, DATs）增加了校方的负担，且与教学质量信息网（提供院校教学质量信息）的工作存在重复。过去的实践表明，学科审计追踪最初的目的是希望在学科专业层面的实践中测试院校质量保障体系的有效性，但事与愿违，这类测试实际上成了"小型的学科检查"，给学校带来了很重的负担和其他一些不良影响，同时增加了很多审计成本，且对质量提高的价值很小。同时，院校认为审计工作应更多地使用教学质量信息网（TQI）提供的信息，学科审计追踪更应如此。

对于学科审计追踪问题，QAF 检查小组的调研结果表明，审计人员也普遍对此存有担忧。他们认为，有限的时间与自评材料，加之学科审计追踪的数量多且目标不明确，使得他们只能局限于浏览学科的表面，最终导致学科审计追踪层面的调查进行得

"非常肤浅"。

因此，建议 QAA 寻求一种更加灵活的审计追踪方法来取代现有方式，新的方法应以专题和学科为基础，并切实减轻院校负担。另据 JM 咨询公司测算，如果停止学科审计追踪，整个英格兰地区在院校审计上每年可以节省 100 万英镑的支出[①]。就此，建议将"专题调查"（Thematic Enquiries）作为替代学科审计追踪的一种方法。它主要是从整个院校层面考察院校质量保障体系的运行情况，当审计小组成员认为院校在教育质量和学术标准管理方面特色鲜明或有必要全面检查几门学科时可采用此项调查。同时，建议 QAA 和高等教育学会合作研究，明确专题调查的范围、标准和作用，以建立起专题调查的统一的标准，消除院校对此的疑虑。此外，为改进审计方法，检查小组还建议 QAA 与院校共同制订详细的中期检查计划，并通过充分利用现有材料来减轻院校的工作量。

4. 继续支持和全面推进学生参与院校审计工作

各项调研表明，学生参与院校审计工作是富有成效的，发挥了积极作用。从审计人员的角度看，他们对学生参与审计过程的价值和重要性给予了肯定。同时，他们也认识到学生的作用尚未充分发挥，所以应在审计中尽可能会见更多不同层次的学生。而从学生的角度看，他们对参与院校审计的程度存有不满，尽管总体上很多学生代表对于院校在审计的前期准备以及审计过程中与学生代表的信息交流程度是满意的，但对 QAA 在这方面的工作

① HEFCE. The Costs and Benefits of External Review of Quality Assurance in Higher Education. A report by JM Consulting Ltd to HEFCE, Universities UK, SCOP, the DfES and the Quality Assurance Framework Review Group. Bristol, 2005.

满意度不高。很多学生代表认为，他们虽然参与了审计，但对一些具体的内容缺乏理解，并且很少参与院校调查阶段中后续的审计工作，包括简单调查和审计调查等。

5. 重新修订审计报告和审计结论，鼓励院校质量保障体系的持续改进，增进审计对此发挥的实际效用

调查结果表明，被调查者普遍反应审计结论中的"广泛信心"这一措辞不是很合适，过于全面肯定，无益于鼓励院校质量保障体系的持续改进。因此，建议将"广泛信心"的审计结论改为"信心"。另外，鉴于现行审计中对教学质量和学术授予标准两个不同方面进行的是总体评价，降低了审计结果的有用性，建议考虑就这两项内容进行独立的评价。此外，审计报告应使所有读者都能获得，并应提供更为详细的建议。

6. 改进审计信息的反馈与发布机制，加强数据挖掘，增进经验交流

QAA 通过院校审计获得了大量的第一手信息。一方面，基于对这些信息的深入分析，可增进高等教育部门之间的经验交流与推广，促进教育质量的提高；另一方面，以这些信息为媒介，可加强与高等教育学会的共享与合作，QAA 应对所有的审计报告进行总结分析，并以"从……中学习"的系列报告形式，增进高等教育部门间的交流与学习。

7. 改进院校审计准备阶段的工作

建议 QAA 向校方提供明确的院校审计准备工作指南（准备工作的具体要求），以增进学校对院校审计的理解与信心。对此，调研也表明，QAA 若能明确指出哪些准备工作已经超出了要求，对院校将十分有用。校方也应及时总结和推广经验。对此，建议

院校扬弃那些不必要的、过分的准备工作，因为这不但成本极高而收效甚微，也从一个侧面反映出院校缺乏自信。

8. 进一步统一和明确审计所需信息及材料的要求

在调研中，从院校的角度看，他们反应审计小组对于证明资料的要求在不同院校乃至同一院校的不同学科间并不统一，且有时数量较大，使学科专业层面教职员的工作量剧增，全无"更轻接触"的感觉。对此，院校建议审计中所要求的信息及材料应适当和统一，QAA 应为此提供一个更为明确的指导。从审计人员的角度看，他们反应一些院校自评不够充分，所供信息不足，覆盖范围不全面。对此，他们建议 QAA 应就审计所需信息及证明材料为院校进一步的指导。此外，约 2/3 的学生代表反应，他们在准备学生建议书时，发现 QAA 对此要求不够明确，并缺乏必要的支持和帮助。

9. 鼓励合作，进一步提高质量保障活动的统一性和效率

鉴于各种质量监督机构制度的不统一，以各种形式要求校方提供类似信息，从而给院校增加了许多额外负担。对此，建议教育与技能部应大力倡导所有负责高等教育监督和检查的公共机构紧密合作，共同探求统一的院校审计方法和学术规范体系。另外，还提出如下建议：第一，各质量监督部门应考虑签订保证院校接受质量检查和数据收集方面的负担最轻化的协议；第二，QAA 应继续与法定专业机构及相关中介机构紧密合作，监督和检查高等教育质量，鼓励和支持他们建立与院校审计及学术规范体系相一致的程序和方法。

此外，第二阶段公众信息的调研于 2006 年完成。此项工作主要基于教学质量信息网和全国学生调查工作展开。调研表明，一

方面，从总体上看，教学质量信息网和全国学生调查工作对学生的择校做出了重要贡献，很多学生都认为全国学生调查网提供的信息很有价值。另一方面，调研也反映出该网未能有效实现其设立的初衷，即未能有效实现"使潜在的学生能根据信息做理想的选择，辅助其他利益相关者做出判断和实现问责"的目标，并且网上信息针对性不强、使用不便、组织极差，使用了一些使外行人很难理解的复杂语言和专业术语。对此，建议根据申请者和建议者的要求重建教学质量信息网站，并考虑到某些网上项目的建设投入远远超过其价值，建议从网站上撤掉相关栏目，如一些院校提供的外部监考报告的摘要、定期检查摘要之类的定性材料。

总体而言，各类效果评价调研工作反映出过渡期（第一轮）院校审计工作的优点与不足，为下一阶段，即稳定期（第二轮）的院校审计工作的开展与完善提供了有效的支撑和改进依据。具体而言，一方面，院校审计得到了院校和其他利益相关者的普遍接受，相比于之前的外部质量保障方法，其不仅减轻了院校的负担，还节省了审计成本，并有效鼓励学生和教师参与到审计活动中来，这些都是值得肯定的做法。另一方面，院校审计存在的问题也涉及从机制、组织管理、方法、参与主体到具体的信息提供、处理与发布的要求等方方面面，相关调研组织也提出了针对性的建议。其中，学科审计追踪方法的改进和院校证明材料或教学信息要求的规范化与明确性是两个比较大的问题，有待通过方法的改进和要求的进一步规范与明确得以完善。

（四）QAA 针对过渡期院校审计开展的改进工作

为使院校审计工作顺利开展和更好地适应不断变化的环境，在考虑来自各方的反馈意见后，QAA 于 2005 年对过渡期的审计程序进行了适当的修订。相关内容主要涉及以下方面：规范和明确院校证明材料及学生建议书要求，减轻学校负担；精简审计小组队伍；改进学科审计追踪；重新设定审计重点，由质量保证转向质量提高；提高学生参与度，加强对研究生质量的重视；重新强调院校审计信息的准确性与完整性；审计结论的修订以及审计后续工作的精简。此次改进的要点基本可概括为"精简减负""提高效能""重视学生"，以及"关注信息的质量与公共服务效能"。具体内容如表 2-3 所示。

表 2-3　2006~2011 年与过渡期审计程序的变化之处及相关的影响

事项	要求		变化与影响
	老程序	新程序	
审计开始时院校提供的基本材料	自评报告	院校情况简介	更多地强调使用现有的程序，降低院校自评层面的期望，期望的降低将减轻院校的负担
附加的院校证明材料	没有明确表明文件材料应该来自现有的材料	明确指出期望院校使用现有的材料和正常的程序	指导院校和审计小组尽可能地使用现有的文件材料，减少为了满足审计小组需要所作出的努力
审计小组规模	4~7 名审计人员	一般 4 名审计人员	全面精简审计小组的规模，并在此基础上缩减每个审计小组的审计天数，以降低审计成本
审计技能	需要学科专业技能以满足学科审计追踪	不需要具体的学科专业技能	需要小规模的有学术管理经验的审计队伍，有利于集中培训，提高审计过程效率和报告的质量
学生建议书	给学生代表团提供书面建议的机会	学生建议书要求与院校情况简介的结构相一致	对学生代表团的期望在增加，但不必对学生建议书的内容有过多的要求。应该有助于满足欧洲高等教育质量保障体系标准和指南的要求
学科审计追踪	学科自评报告（SEDs）；学生评估工作的样本；会见教职员工和学生是学科审计追踪的一部分	学术管理方面的学科审计追踪，可能包括会见教职员工和学生作为学科审计追踪的一部分	不再需要专门为学科审计追踪准备材料；学科审计追踪将关注现有的材料。不需要提供学生评估工作样本，并可能不需要专门会见教职员工和学生。这样院校在准备院校审计时可以节省一半的时间和精力

事项	要求		变化与影响
	老程序	新程序	
审计的重点	有些涉及质量提高	致力于怎样从质量保障到质量提高的策略	高度强调怎样系统地管理和提高学习机会的质量。这是一项新的要求，应该直接有利于院校远离质量保障的官僚做法
与学生有关的审计关注点	学生期望的学术标准和实际达到的学术标准；学生作为学习者的经历	保持适当的学术标准和提高研究型研究生的质量；使学生成为教育质量管理的一员；学生的学习经历包括研究生从事研究的经历	高度强调学生参与质量管理。特别关注研究型研究生的质量，并应在审计报告中对此有一项意见结论。这是 QAA 在审计程序中采纳的一项新内容，但不作为拨款委员会和科研委员会对院校进行的一项附加检查
信息	审计小组对院校公布的有关专业质量和学术授予标准信息的准确性、真实性、完整性与公开性等相关内容的可靠性作出判断	审计小组对院校公布的有关教育质量和学术授予标准信息的准确性与完整性等相关内容的可靠性作出评价	审计小组将会核实院校在教学质量信息网上公布信息的准确性与完整性。这项不是新的要求，而是审计小组在以前审计过程中没有很好完成的任务，因为在过渡期教学质量信息网上的信息不是很适当。在修改的审计程序中没有要求审计小组必须对信息作出一个判断，而是要求得出一个建立在可获得公开信息样本的基础上的意见结论
审计结论	"广泛信心"	"信心"	可能对审计结论进行解释性的陈述，这样在表达结论时有更大的灵活性
审计后续工作	院校在一年后提交改进报告；中期检查	中期检查	不要求院校提交一年后的改进报告，中期检查也将会更加简单化

资料来源：QAA. Operational Description for the Revised Institutional Audit Process for Higher Education Institutions in England and Northern Ireland，November 2005：17–19.

　　此外，QAA 还开展了一系列工作致力于强化院校审计的生存能力。第一，积极推进质量保障工作信息的研究分析与经验推广。为向院校和利益相关者提供及时的信息，从 2004 年底开始，QAA 分批对 2002~2004 年审计的 70 所院校和 2004~2006 年审计的 59 所院校的审计报告进行了分析，总结出院校在审计中的一些良好做法，并提出建议，以《从院校审计中学习系列之一》和《从院校审计中学习系列之二》的形式，分别于 2005 年和 2008 年陆续公布，以供在院校间进行经验推广，促进高等教育质量提高。第二，加强院校信息收集与管理系统的建设与完善。为提高院校信息收集工作的有效性，QAA 设计了内部数据库和管理信息系统，该系统主要用于辅助 QAA 管理、检查和监督内部事务。第三，主动寻求和加强同行合作，致力于院校减负。为此，QAA主动加强与其他高等教育质量保障相关负责机构的合作，以确保对院校要求相关信息的一致性和提交方式的统一性，减轻院校负担。由此可见，QAA 为院校审计在稳定期的开展及其今后的生存与发展存有一定的进取意识与危机意识。

综上所述，从以上各组织机构对过渡期院校审计开展的效果评价工作以及 QAA 所做改进工作的视角观之，英国的高等教育主管部门、高等院校、质量保障机构及社会对于高等教育质量保障的监督、执行与参与，形成了对高等教育质量的保证与提高的一种合力。教育主管部门在放权的同时监督不缺位；院校在享有办学自主权的同时质量保障具有使命感和自觉性；外部质量保障机构在接受公众问责中介权的同时公共责任意识与危机意识并存；同时，社会能够广泛参与，公众享有高等教育质量公共信息知情权与监督权，这些内容对高等教育质量及其保障体系的不断提高与完善各自发挥着不可或缺的效能，更需要形成一种互为支撑和促进的和谐关系。

二、稳定期院校审计机制的效果评价

（一）稳定期院校审计的主要特点及效果评价的开展情况

1. 稳定期院校审计的特点

稳定期的院校审计历时 6 年（2006~2011 年），相比过渡期，这一阶段更为强调审计信息的发布，并确立了整个审计工作以学生和学习为中心的基调。此轮院校审计主要表现出如下特点：

（1）关注院校对外部参考点的使用情况，即审计小组会查找有关院校是否已经参考了"学术规范体系"（Academic Infrastructure）的相关标准，是否已在院校管理过程中采取了相应措施并反映出学术规范体系的指导作用。

（2）采用了新的审计追踪方法，包括抽样追踪和补充追踪。其中，补充追踪主要关注院校使命或教育质量与标准管理方法中所体现的特色；关注研究型研究生的教育质量，审计小组根据《实践准则》中研究型研究生相关准则进行评价；关注提高质量的方法，审计小组通常会检查院校是否具备系统的管理和提高质量的方法①。

2. 稳定期院校审计效果评价的开展情况

对于稳定期的院校审计工作，英国相关的高等教育基金委员会、行业协会、研究组织以及审计机构等单位通过委托或自行开展调研的形式，进行了多项局部或整体的效果评价工作，概要如下：

（1）院校合作办学审计专项调研。2007 年，英格兰高等教育

---

① QAA. Handbook for Institutional Audit：England and Northern Ireland，2006：7-12.

基金委员会（HEFCE）、英国大学协会（UUK）和大学校长常务委员会（SCOP）为检查稳定期院校合作办学审计工作（合作办学审计是院校审计的重要组成部分）的效果，委托 SQW 咨询公司开展了专项调研。此次调研中，SQW 咨询公司选择了 15 所具有代表性的院校作为案例，就主要的利益相关者（如学生、教职员工等）进行了深入访谈，并通过网络调查在其他院校收集资料，同时对 QAA 和院校等所提供的文本资料进行了评估。

（2）英格兰高等教育基金委员会（HEFCE）教学质量分委员会（TQSE）的调研。2008 年夏天，在英国一些大型媒体上出现了一些对英格兰高等教育教学质量和学位标准的担忧。为回应公众对英格兰高等教育教学的质疑，2008 年秋，英格兰高等教育基金委员会（HEFCE）的董事会及其教学、质量、学生经历战略委员会协商成立教学质量分委员会（TQSE），针对公众的质疑进行了调查。教学质量分委员会在 2008 年 11 月至 2009 年 6 月举行了四次会议，听取了英格兰高等教育基金委员会（HEFCE）、英国大学联合会（UKK）、英国高等教育指导协会（Guild HE）、高教研究院、全国学联对于当前高等教育质量保障体系的意见和建议，收集和分析了有关上述担忧问题的全部报告，并且大量取证和参考了 QAA 的主题调查报告。

（3）QAA 的调研。截至 2008 年，QAA 对 19 所参审院校、110 名审计人员以及 28 名审计组秘书就院校审计工作的效果进行了调研。同时，QAA 还对 30 所参与院校审计中期检查的院校就院校审计中期检查工作的效果进行了调研。

此外，2009 年，笔者在英国随机选取了英格兰地区四类大学①，对 30 位从事本科教学质量保障工作的负责人和相关工作人员以调查问卷和访谈的形式就高校教学质量保障方面的问题进行了一次调研。此举旨在通过切身实地的第一手资料的收集与分析，了解英国高校对院校审计工作的重视程度，了解不同类型学校的教学管理人员对教学质量保障的理解和看法，判断审计工作对促进院校教学质量的实效性。

综合上述组织机构对院校审计的效果评价，并结合笔者在英国的调研，就稳定期院校审计的效果评价从成效、存在的不足及建议两方面作如下分析与归纳。

（二）稳定期院校审计机制所取得的成效

1. QAA 调研反馈的稳定期院校审计成效

QAA 的调研结果显示，绝大多数受访对象（94%的审计人员、100%的审计组秘书、94%的院校②）一致认为院校审计工作实现了预定的目标，QAA 提供的院校审计手册和培训工作也富有成效。从整体看，受访者认为院校审计工作值得肯定的地方主要体现于以下几个方面：第一，从外部系统地检查了院校质量保障体系的实践及改进情况；第二，为院校提供了反思自身质量保障政策和程序的机会；第三，在院校对质量和标准的管理、学生参与质量保障活动、信息收集反馈机制、与各行业合作及争取学生支持等方面总结了许多好的做法并提出了有待思考的问题；第四，院校对学生作为学习主体和需求主体应该拥有的权利有了进

---

①笔者注：英国的大学大致可以分为四类，即古典大学（以 1836 年伦敦大学的建立为界）、城市大学（建于 1836~1960 年）、新大学（建于 1960 年以后）以及 1992 年后升格的大学（前身是多科技术学院）。

② QAA. Annual Report to the Higher Education Funding Council for England，2008：8-9.

一步认识；第五，可以借此直接听取学生意见，也使学生有机会反思自己的学习经历，以帮助学生树立学习的信心，同时为学生提供了与教职员工在质量保障活动中一起合作的机会。

此外，QAA 还对院校审计中期检查工作的效果进行了调研。在 2007~2008 年，有 30 所院校进行了中期检查，结果表明大多数院校对审计小组提出的建议采取了有效的措施，并且大多数院校反映中期检查实现了其作为短期健康检查（A Short Health Check）的目标，总体上，院校对中期检查工作是满意的。具体而言，对于 QAA 的中期检查工作，受访者的反馈表明：院校与 QAA 之间的交流方式是富有成效的；2006 年的院校审计手册对中期检查的目的和范围有清楚的表述；中期检查过程中所要求的文件材料是适度的。中期检查给院校带来的好处有以下几点：鼓励院校进一步反思院校审计后所取得的进步；使院校清楚了解将来的审计主题；对改进计划作进一步的检查。中期检查给院校带来的挑战主要在以下方面：院校需确保每个建议都取得进步；院校中期检查情况简介的准备，应避免仅为迎合中期检查而出具非"自然的"总结报告。总之，中期检查是有效的短期健康检查，有助于院校和审计小组为下一次院校审计做准备[①]。

2. SQW 咨询公司调研反馈的稳定期合作办学审计成效

SQW 咨询公司的调查结果表明，受访者充分肯定了合作办学审计的必要性。合作办学审计是整个教育质量保障框架的主要内容之一，此项审计旨在保障公共经费，维护学生利益，使合作办学可以被公众所信任，在维护院校自主权的同时维系英国高等教

---

① QAA. Annual Report to the Higher Education Funding Council for England，2009：9-13.

育的国际声誉。合作办学审计的主要作用在于确保学术标准的可行性并提升院校声誉。另外，在准备此项审计的过程中，院校也是受益的，譬如，可以促使合作双方借此机会反思合作协议，进一步加强合作办学院校间的联系。

3. 笔者在英国对院校审计所作调研的反馈总结

2009 年，笔者在英国所作调查的结果表明，学校对 QAA 院校审计时所提建议均普遍较为重视，能够及时采取适当的方法加以改进，并取得了良好的效果。受访者对 QAA 的院校审计工作总体上持满意态度，问卷调查中的 39 个封闭式问题的反馈结果统计显示，其中 45% 的人对于学校在审计后采取及时、适当的改进措施并取得良好效果持认同和满意的态度，35% 的人对此持非常认同和非常满意的态度，14% 的人对此持一般的态度。

对于院校审计对学校的管理和教学方面是否有影响，有 50% 的人认为外部的院校审计对学校的管理、教师的教学和学生的学习是有影响的，而且认为这种影响是正面和积极的。比如，通过外部审计使学校明白自身教学质量保障体系的强弱之处，有利于学校更好地发挥自身优势并关注自身存在的不足；外部审计给学校提供了对教学战略和相关政策等重大问题进行反思的机会；院校审计为学校反思过去、规划未来提供了契机。但也有 30% 的人认为外部审计对学校的教学和管理没有太大的影响，他们认为外部审计以及学校的质量保障对教学和管理的影响很难与其他方面变化产生的影响相区分。还有 10% 的人认为外部院校审计值得肯定的方面在于它是一个促进教学质量提高的过程，而负面之处在于其助长了官僚之风。

在访谈中，牛津大学评估中心主任认为院校审计的标准和程序对学校的教学质量保障工作起着一定的指导和规范作用，院校审计是否能够取得成效，关键在于质量审计的标准科学与否。这一点在问卷调查中也得到体现，有 64% 的人认为，学校教学质量保障方面的政策受政府或与政府有关的独立专业机构（如 HEFC、QAA）相关质量保障政策的影响较大，政府和这些机构主要通过制定学术规范体系和相关的审计和检查工作来实现政府对学校的质量要求，学校主要根据政府或专业机构的参照标准制定学校的质量标准、质量保障的程序和方法。27% 的人认为，政府和中介机构制定的有关质量保障方面的政策对学校的质量保障政策的制定是有帮助的。伯明翰大学的副校长认为，院校审计的确对学校内部教学质量保障起到了指导作用，但是院校审计考核的主要是质量保障的制度和程序以及对其执行情况进行验证，而并未（直接）关注学生的学习经历和教学质量的提高。牛津布鲁克斯大学国际研究中心主任认为，院校审计活动主要还是对教师的教学产生较大的影响，对学校的管理影响不是很大。曼彻斯特大学教育学院院长谈到，其最初觉得院校审计工作对学校是个干扰，要花很长时间准备，而在 QAA 改变审计方式后，不再需要那么多的时间来准备材料，学校只需准备自评报告，审计小组先检查自评报告，如果觉得有问题才到学校检查，其认为如此就没有必要觉得院校审计是干扰了。

综上所述，英国现行的院校审计方法最显著的优点表现在以下方面：既能参照统一的学术规范体系，又较好地维护了院校的自主权；既关注精简，又注重实效（以学生为中心的实质性改进）。具体而言，它承认院校的办学自主权，使院校有足够的空间完善和创新课程体系，能够更好地满足学生和雇主的需求；通过运用全国统一的基本标准（学术规范体系）为参照标准，为院校提供了一种具有可比性的评估方法；充分认可校外监考员制度的重要性，这在各国本科生教育体系中可以说是独一无二的；其对院校教育质量和学术标准的要求赢得了各方利益主体的广泛共识；通过学生参与，更有效地保障了学生权益，也使质量保障工作"以生为本"更好地得到落实；实质性地改善了学生经历，有效推进了教育质量的提高；审计报告公之于众，使各方主体的知情权与监督权都能得到保障；推进了质量标准的区域性和国际性融合，实现了欧洲区域质量标准的接轨等。

（三）稳定期院校审计机制的不足与建议

经过稳定期院校审计的效果调研及分析，相关单位指出了此项工作存在的一些不足并提出了针对性的建议。

1. 英国高等教育质量保障署（QAA）调研总结的不足

审计人员指出了院校审计机制中一些需要改进的地方，如审计人员认为审计报告的撰写模板内容不够明了，院校提交的院校情况简介未能充分反映实际的教育质量保障情况，同时学生的书面建议未能对学生调查结果进行充分分析。审计小组建议英国高等教育质量保障署在院校情况简介和学生书面建议报告方面为院校和学生代表提供进一步的指导。

2. 教学质量分委员会基于调研数据分析提出的建议

基于对现有数据的充分分析，教学质量分委员会就院校审计机制提出的有关建议主要如下：

（1）对于教学质量和学位标准明确加以界定是有益和必要的，同时需要解释清楚两者之间的关系，并进行广泛宣传。英格兰高等教育基金委员会、英国高等教育质量保障署、全国学联和相关中介机构应制定一个草案，确立适当的交流策略。就此发表的相关指导性文件应简明扼要，使用清楚明了的语言，并且容易获得。

（2）英国高等教育质量保障署应更多地面向公众服务，其工作重点须立足于使公众对高教教学质量和学位标准抱有信心。对此，英格兰高等教育基金委员会应积极与英国高等教育质量保障署、英国大学联合会和英国高等教育指导协会共同探讨如何使这类工作更具有操作性；英国高等教育质量保障署的审计报告应该使用平实的语言，使非专业人士也可以读懂。

（3）第三轮（于2011年开始）院校审计的方法应该有足够的灵活性，能适应不断变化的外部环境。所谓的环境变化即如信息流越来越迅捷、更多灵活的教学方法不断产生、院校提供的学习机会越来越多样化等。

（4）为更好地适应变化，有必要从"周期性"计划方式转向持续改进方式，以便对可能出现的问题做出及时反应。教学质量委员会认识到这虽然可能会牺牲一些可比性，但有利于保障核心要素。

（5）院校审计应该为英格兰高等教育基金委员会和高等教育体系应对可能出现的问题提供支持，如通过审计机制，在问题出现并见诸媒体之前，对可能出现的问题做定期的主题报告。

（6）英格兰高等教育基金委员会应该考虑如何更好地整合高等教育评估方法。

（7）英格兰高等教育基金委员会、英国大学联合会、英国高等教育指导协会应该与英国高等教育质量保障署协商如何通过改进审计方法来保证公众信心，同时制定并保持教育的学术标准。

（8）对于教学质量信息网（TQI）和全国学生调查（NSS）工

作，其发起者应该负责检查这两个系统的使用情况及有效性。

（9）英格兰高等教育基金委员会应开展深入研究，广泛了解信息使用人群（学生、家长、用人单位、其他利益相关者）的需要，通过问卷调研他们所需的信息以及信息的发布方式（比如，需要在统一的网站还是在各院校的网站按照专业、系别、课程发布）。

（10）英格兰高等教育基金委员会应要求英国高等教育质量保障署对学术规范体系进行评估，包括考虑如何使更广泛的公众（特别是学生）对此有所了解。

（11）一旦英格兰高等教育基金委员会、中介机构、高等教育系统对于所需要的信息达成一致，应该要求院校以统一格式提供相关信息。这应该成为审计和检查的一部分。

（12）如果院校提供的信息规范且统一，审计小组成员应该对院校已发布信息的准确和完整程度作出评价而不是评论，正式审计报告中关于信息的审计结论应由"评论"提升为一种"判断"。

（13）英格兰高等教育基金委员会需要对信息一词作出清楚的界定，比如明确是以质量保障为目的的信息还是以公众需求为目的的信息[1]。

为应对未来的挑战，教学质量分委员会还建议成立一个联合机构，由这一机构持续、正式地开展质量保障框架（QAF）的维护与发展工作。该机构可以由英格兰高等教育基金委员会、英国大学联合会和英国高等教育指导协会联合管理，英国高等教育质

---

[1] HEFCE. Report of the Sub-committee for Teaching, Quality, and the Student Experience, October 2009.

量保障署、全国学联、学院联合会可作为这一机构的成员，此外还应包括院校代表，而商务、创新和技能部以及来自各地区的其他团体可以作为观察员参与其中。从具体事务看，该机构将用于监控质量保障框架的执行情况，并对相关的改进等工作进行决策。当然，它也可以通过各种渠道与高等教育机构开展定期交流，并考虑发展更为广泛的工作交流策略。

3. SQW 咨询公司对合作办学审计的建议

在合作办学审计专项调研的基础上，SQW 咨询公司从审计的方法、内容、信息管理及相关主体间的关系等方面，就此项工作提出如下建议：

（1）建议采取基于风险的审计方法，这一方法可以参考院校自身的风险管理方式。不难发现，院校合作办学中势必存在一系列风险，如：声誉风险，即在合作办学的过程中，院校有失去既得声誉的风险；财务风险，即院校之间合作办学需要成本支出，但这并非是每一所院校所能负担；空间风险，即在异地院校之间的合作办学中，因较远的空间距离而可能产生的诸多风险；文化差异风险，即不同院校之间的文化差异而可能给合作办学带来的诸多风险。所谓"基于风险的评估"（或审计），即认识到合作办学中可能存在上述风险，并在院校审计中检查参审院校是否存在这些风险以及他们是如何处理相关风险的。在审计中，对于风险等级的判断应考虑合作办学的形成背景，包括院校本身已具备的合作办学经验及风险管理机制。与此同时，QAA 也应就如何进行风险处理等为院校提供指导。

（2）建议规模庞大且复杂的合作办学项目应具备明确的合同条款。对于合作办学审计，QAA 采用了双重模式，即对于大多数院校来说，合作办学审计仅作为院校审计工作的一部分。但对于庞大且复杂的高等教育机构，将采取单独的合作办学审计，当然此项审计还是院校审计的一部分，只是将为此单独派出审计小组，并单独出具合作办学审计报告。建议院校在审计时提供合作双方明确的合同条款。此外，合作办学审计与院校审计应该保持一致性。

（3）建议避免院校审计与其他评估活动（如综合质量提高检查）之间的重复工作。高等教育质量保障领域的各类评估活动需要保持一致性，而各质量管理机构之间有必要增进合作。在具体的某一专业审计中，通常是由不同专业、法定及监管机构与院校接触，并对其教育资格条件进行认定，这些机构对院校提出的要求通常是学科层面的。因此不会直接与 QAA 提出的要求相重叠。但是，院校在为这些机构的学科评估做准备时，即使是提交与 QAA 院校审计同样的信息，仍需在不同表格中重复填写，这在人力、物力、财力上都是一种浪费。而且，行业技能委员会（Sector Skills Councils，SSCs）相对还不成熟，在提出本行业技能要求方面多少有点急于求成，如卫生技能委员会在卫生健康方面起草了新的质量保障体系，但很多院校认为没有这个必要，这只会给学校带来额外的负担。英国就业技能委员会建议，对于诸如行业技能委员会这样的新部门，应该更多地鼓励他们加强与高等教育基金委员会、QAA 等机构的交流与合作。

（4）建议进一步规范对国际院校间合作办学的审计。

（5）建议增进对学生参与质量审计的鼓励，激发学生参与质量审计的兴趣。

（6）建议高等教育基金委员会为院校提供合作办学方面的指

导，帮助院校了解合作办学中可能存在的风险以及如何规避这些风险。

（7）建议院校及时更新其合作方的信息，并与 QAA 共享。

综上所述，英国政府部门及相关行业组织、中介组织等方面的效果评价及笔者的调研都显示，对于稳定期的院校审计工作的评价基本可概括为两个方面：一方面，审计工作总体上是有效的（包括基于上一轮审计的一些改进工作）；另一方面，其所面对的挑战是动态变化的，改进与完善需要持续进行。具体而言，从有待改进的方面看，涉及高等教育质量保障工作的整合、具体审计方法的改进、参与主体及各方关系的处理、审计信息的管理等各个方面。例如，考虑在审计方法上应如何灵活适应不断变化的外部环境，如何使之从"周期性"计划的方法转向促进持续提高的方法，如何进一步整合各类高等教育评估方法等。这些问题对于 QAA 等机构而言都值得进一步考虑，并采取有效的应对措施。从相关建议亦可见，有几点内容是比较集中和明确的，如 QAA 需要进一步为院校和利益相关者提供服务，包括为院校情况简介和学生书面建议书的撰写提供进一步的指导，使非专业人士也能看懂审计报告等。QAA 在合作办学审计方面需考虑的内容主要涉及引入基于风险的审计方法、保持合作办学审计与院校审计在时间上的一致性。除此之外，在审计信息方面要提高一致性、推进机构合作与信息共享、避免重复劳动、致力于学校减负。

三、院校审计的发展趋势

英国高等教育质量保障署（QAA）于 2011 年 7 月完成了稳定期（即第二轮）的院校审计，院校审计作为外部质量保障方法的主要形式，为保持后一轮审计的适用性，英国各相关部门对现有的院校审计方法进行了反思。

（一）院校审计方法的特征

为使修订后的院校审计方法满足当前的需要，并尽可能应对将来的挑战，建议 QAA 研制一种具有如下特征的方法：

（1）更加积极和灵活。在必要时，它能够对特定的主题或担忧程序进行调查。

（2）在审计报告和院校审计手册的解释和表达方面应做得更好，将大众视为主要的读者，使用更为简明的语言。

（3）更明确地认识到院校向公众提供充足且具可比性的信息的重要性。

（4）更明确院校之间基本标准的可比性以及认识到学术规范体系对其所起的重要作用。

（5）在不全面提高要求标准/水平的情况下，尽可能合理确保最大量的资金直接投入教学活动。

（二）院校审计的重点内容

在下一轮院校审计中，QAA 将特别关注以下几方面内容：

（1）为现在和潜在的学生提供准确、恰当的信息，这些信息包括学生所期待的学习经历。

（2）学术上的不恰当行为，比如剽窃、作弊。

（3）向国际学生确保院校有高质量和高标准的教学质量保障体系，包括英语语言水平测试。

（4）教职员工的培训与发展。

（5）在课程方面向学生提供有效的反馈。

在新一轮的审计中，对于全体院校共有的一些重要领域，

QAA 将严格按照学术规范体系中提出的参考标准进行审计；审计时将特别关注院校在总结性评估程序中是否大力而严格地使用独立的外部监考员，在院校内部质量管理程序中是否有独立的外部参与者；合作办学审计将采取多样化的方式，这些方法包括专项审计、内部审计、混合审计或单独的合作办学审计，根据学校的具体情况，与院校一起协商选择审计的方法。

四、英国高等教育外部质量保障体系的改革趋势

英国第二轮院校审计于 2011 年 7 月结束，为了使之后一轮院校审计（2011 年 9 月后开始）能更加高效，进一步完善英格兰和北爱尔兰的高等教育质量保障体系，消除公众对高等教育质量和学位标准的疑虑，提高学生的学习经历和高等教育的声誉，2009 年，高等教育质量保障署（Quality Assurance Agency for Higher Education，QAA）、英国大学联合会（Universities UK，UKK）、英国高等教育指导协会（Guide HE）、英国高等教育基金委员会（Higher Education Funding Council for England，HEFCE）和北爱尔兰就业与学习部（The Department for Employment and Learning，DEL）联合制订了《英格兰和北爱尔兰质量保障的未来计划》。该计划主要考虑了两个方面的需要，一是保障教育质量的需要，二是保持基本学位授予标准的需要。根据这一计划，英国高等教育领域的质量保障体系改革主要聚焦于两大主题，即质量保障框架与院校审计方法。

（一）质量保障框架（Quality Assurance Framework，QAF）的改革

质量保障框架（QAF）建于 2002 年，主要由院校审计、合作

办学审计、教学质量信息网和全国学生调查四部分组成。这一框架系统地概括了高等教育质量和学术标准的三个要点：院校内部具备严格的专业审批程序并对这些程序进行定期的评估，由QAA负责审计院校质量保障体系的有效性，院校应及时、准确地公布专业和学术标准的相关信息。

1. 质量保障框架（QAF）的优点

质量保障框架（QAF）的优点主要表现为以下几方面：教育质量和学术标准的主要责任落在院校自己的肩上，院校在规定的国家参照标准范围内自主运作；院校内部的质量保障体系和外部的院校审计之间建立了明确关系；可以让学生参与到不同范围与层次的质量保障活动中（包括作为审计组的正式成员）；外部质量保障活动由独立的中介机构承担，如QAA和专业与法定的监管机构（Professional，Statutory and Regulatory Bodies，PSRBs）；有明确而独立的体系负责处理教育质量方面的投诉和担忧问题；支持多样化的高等教育部门因为它有很多学位授予机构和专业；同时强调质量保证与质量提高；与欧洲标准和指南接轨，增进了学位/学历的国际认可度。

2. 质量保障框架（QAF）的不足

当前质量保障框架（QAF）存在的问题主要表现在如下方面：各种标准在院校之间不具可比性或不能一贯地执行；需要为潜在的学生提供良好的信息、建议和指导；质量保障体系灵活性有限，不能很好地适应不断变化的环境；外部监考员制度是质量保障框架的重要组成部分，但是外部监考员制度仍存在很多问题，如很多院校对外部监考员的职责没有明确的规定，对外部监考员的任命和委派程序不是很严密，对外部监考员的就职教育不是很全面，对外部监考员报告的采用和书面反馈不及时甚至有个别院校对此报告根本就不采用或进行反馈，若这些问题不能及时改进，可能难以面对未来的挑战；评估结果过多使用技术语言，不能满足不同民众的需要；有人认为高等教育在高等教育质量保障的方法方面过于保守和封闭；应该把不同的院校和所有质量保障部门视为一个综合的整体，包括那些行业、法定和监管机构认定免检的院校。

3. 质量保障框架的修订原则和预期目标

质量保障框架的修订必须遵循一些基本原则，以此作为理论与实践指导，在这些原则的基础上再进一步设定预期目标，具体原则及预期目标如表 2-4 所示。

表 2-4　质量保障框架的修订原则与预期目标

修订的原则	预期的目标
A. 提供有关高等教育质量和学术标准的权威信息，并公之于众	在一致性和可比性的基础上，向公众提供及时、方便获得的教育质量和标准信息，每所院校对这些信息负责
	建立在健全、一致和可比基础上的审计报告结论满足公众期望
B. 取得公众、雇员及其他利益相关者的信任	确保任何低于国家规定的办学质量都能被检测到，并且使问题得以迅速解决
	采用透明的审计程序，以严格、明了、适当、回应式的方式运作
	无论院校的学位是在什么地点或者以什么形式颁发，要保证其在英格兰和北爱尔兰的学位授予标准
	清楚说明教育质量和标准方面的责任及其怎样得到保证
C. 满足拨款机构和院校的需求	拨款机构对其所资助项目应履行质量保证方面的法定责任
	院校应通过提供信息（即质量管理、专业设置、保持标准的内部质量保障体系的运作情况，哪些方面是好的，哪些方面需要改进）来履行其责任
D. 满足学生的需求	把现有的和潜在的学生的利益置于重要位置，并将此作为其他原则的基础
	让学生参与到各个层面（课程、学院、国家）的质量保障过程中来
	注重改善学生的学习经历，确立无妥协的质量保障问责条款

续表

修订的原则	预期的目标
E. 依靠独立的判断	采用外部人员参与院校内部评估的方法
	认识到外部监考员制度的重要作用并予以支持
	采用由独立评估员负责的外部评估
	采用由独立中介机构负责的外部审计（如 QAA）以及由行业、法定监管机构负责的外部检查
F. 支持院校内部质量提高的文化	承认院校自治及其在教育质量和学术标准方面的责任
	运用同行和学生参与的外部检查程序，而不是专家视察团的视察
	具备严格的院校自评程序
	促进院校自我质量提高
	对好的做法加以推广
G. 保证质量保障体系的高效运行	确保质量保障体系的有效运行，避免那些本可以投入到教学第一线的精力和资源被不当使用
	依靠院校、QAA 和拨款机构之间的合作
	把教育质量和标准作为两个有区别又相互联系的概念："质量"指提供给学生适当和有效的教学、支持、评估和学习机会；"标准"指的是一个学生为了获得学位授予而必须达到的水平
	坚持曾经使用在许多方面的收集资料的原则
	尽管质量保障体系只应用于英格兰和北爱尔兰，但还是应以整个英国的教育情况为背景
	坚持参照欧洲高等教育区制定的质量保障标准和指南（包括内部和外部的质量保障体系）
	体系应保持足够的灵活性，以迅速的反应来满足不断变化的各类需求并确保切合公众的关注点
	尽可能与其他高等教育质量保障方法互补并避免重复（例如教育标准办公室，行业、法定监督机构的质量保障方法）

从表 2-4 能够看到英国质量保障框架未来的改革方向和关注点，比如强调质量保障体系的有效性和高效性、方便学生参与质量保障、增加质量保障方法的多样性、促进机构之间的合作、避免重复以及与国际标准进行统一等。下面以使学生参与质量保障的改革为例，介绍现行的改革内容及相关工作。

考虑到学生是高等教育的重要主体，是新质量保障体系的核心，故而决定让学生作为正式的成员加入院校审计小组。QAA 在 2007~2008 年与英格兰地区的高等教育部门召开了有关学生作为审计小组成员的磋商会议，赞同进一步对学生的潜在作用、学生对审计工作的贡献能力和其他有学生参与的机构或院校的经验进行研究与分析。2008 年春季，QAA 试验性地让学生作为观察员参与到 6 个审计小组的审计工作中，旨在收集观察员和审计员对学生作为审计小组正式成员的可行性的反馈意见（主要是学生在审计工作过程中的贡献、需要哪些培训和支持等方面进行评价）。同时，也从有学生参与校内定期检查小组的院校和有学生参与检查小组的欧洲质量保障机构收集到一些证据和材料，结合相关会议上获得的材料，与审计小组学生成员就相关内容进行探讨。2009 年，QAA 与高等教育部门正式召开磋商会议，对院校审计手册进行修改。QAA 在新的院校审计方法草案中明确阐述了学生参与审计的重要性，包括学生在准备审计的过程中所起的作用、学生对院校内部质量保障体系所做的贡献、学生在质量提高方面的作用等方面。据此，QAA 提出以下建议：继续让学生作为正式成员加入审计小组；继续通过提交学生书面建议报告及进行相关访谈，将学生的观点作为审计依据的一部分；鼓励学生定期参加审计[1]。QAA 为学生参与质量保障活动提供了四种途径：一是 QAA 与其他人一起为学生提供更清楚的教育质量和学术标准信息，经调查此项的支持率为 94%；二是建立合作关系以提高学生

---

[1] Annex, A. Future Arrangements for Quality Assurance in England and Northern Ireland. Policy, 2009: 47.

参与质量保障和提高工作，此项的支持率为 92%；三是与院校一起工作以发挥学生在院校质量管理中的作用，此项的支持率为89%；四是大力支持学生在 QAA 质量保障和提高工作中的参与度，此项的支持率为 80%。反馈者们认为学生参与质量保障和提高是非常重要的，教育界应该有学生的声音，学生参与的做法是正确的，并且认为应该由 QAA、高等教育学会、学生联合会、校长委员会、院校等多部门通过培训、情况简介、指导及提供相关信息以方便和支持学生参与审计工作[①]。经过 2009~2010 年对所有与高等教育有关的机构和公众的公开在线调研，QAA 决定从2011~2012 年开始让学生作为正式的审计成员参与院校审计工作。现在的 QAA 董事会由 15 人组成，其中 4 人由大学校长委员会（The Committee of Vice-Chancellors and Principals of the Universities of the United Kingdom，CVCP）推荐任命，4 人由高等教育基金委员会推荐任命，6 位独立董事来自于工商界或其他专业领域的资深人士，并由董事会集体任命，剩余 1 名学生成员的人选由董事会集体商定。对于学生作为正式成员参与审计这一大胆的举措，来自英国高校的声音也多为肯定的，巴斯（Bath）大学的副校长乔治（George Charonis）认为学习和教书不应该是大学的中心，应该是学生和教师之间的合作关系。华威（Warwick）大学的保罗·泰勒（Paul Taylor）和丹尼·维尔汀（Danny Wilding）教授认为，学生在高等教育中应该既是原创知识的生产者，也是合作者，学生应该更多地参与到高等教育中来，而不只是简单地报到、付费和"拿走"一些知识。全国学生联合会的会长韦斯·斯

---

① QAA. Annual Report to the Higher Education Funding Council for England，2009：32-33.

特雷汀（Wes Streeting）认为，QAA 吸收学生作为院校审计的审计组成员的做法在高等教育界具有开创性，学生在大学学习不是简单的"金融转移"，也并非简单地以学费换知识，而应该是一个教育的过程。

（二）英国高等教育质量保障署（QAA）面临的挑战

为制定新的质量保障框架并予以有效管理，英国着手成立一个长期的质量保障框架工作组，其隶属于 UUK、GuildHE、DEL、和 HEFCE，并接受这些组织的支持。该工作组将以 QAA 为首席顾问，其成员具有广泛性，将由来自于大学联盟、高等教育学会、其他质量保障方面的专家、英国全国学生联合会和雇主代表组成，并邀请商业、创新和技能部参与。同时，工作组将考虑与苏格兰和威尔士相关机构进行更多的交流。成立此工作组的目的在于对英格兰和北爱尔兰质量保障活动的政策和动向有所监督和评价，并且在必要的时候予以修订。

为消除公众对教育质量和学术标准的疑虑，QAA 致力于修订院校审计方法。QAA 相继公布了一系列指南帮助学校建立有效的质量保障体系以确保学生有较好的学习经历，并不断强化 QAA 自身的服务意识，为高校提供各种有利的指导，为下一轮的院校审计做好准备，如中期检查指导性说明及常见问题答疑、投诉程序、QAA 的服务标准等。QAA 还为学生制定了院校审计的迷你指南和学生代表指南，指南里包括审计的每个步骤，并采取多种方式对学生代表进行指导，比如详细的指导（通过学校专家或 QAA 负责人员的讲座和报告，对院校审计进行介绍）、个案研究（主要是对学生代表提交的学生书面建议报告进行分析点评）以及宣传片等。QAA 在对第二轮的审计报告进行分析后，出版"从院校审计中学习系列"，给院校提供更多可以借鉴的经验。

总之，QAA不断地改进管理方法和提高服务质量，取得了一些成绩，但同时也面临着巨大的挑战，如它仍须进一步思考如何巩固院校审计方法；如何在不影响院校学位颁授自主权的基础上，通过完善学术规范体系来解决标准可比性的问题；如何对院校已发布信息的准确性和完整性做出明确的判断和评价，而不只是评论；如何关注教育质量、学术标准以及学生体验方面重要信息的发布，尽管这一方面存在很大的难度，但对有效提升高等教育透明度和可靠性、增强公众对高等教育的信心具有极为重要的意义；如何为非专业人士提供简洁明了（避免难懂的质量保障专业术语）的院校审计报告总结，并且保证该总结与院校审计报告的实际内容完全一致，换言之，如何为不同信息需求方提供多样化的服务。显然，高等教育质量保障方法需要更多的灵活性，才能更好地适应高等教育不断变化的环境与面临的挑战。同时，高等教育供给和需求的多样化也对包括高等教育质量保障在内的教育服务提出了多样化的要求，这无疑给组织教育质量保障活动的机构带来了巨大的挑战。

五、小结

综上所述，英国的院校审计作为高等教育外部质量保障的一种模式，尽管尚存一些不足，但总体上看，还是体现出了经济性与高效性，并且院校、学生等利益相关主体对其实际效果持满意态度。英国高等教育外部质量保障工作中所体现的一些内容对于此项工作的健康发展有着重要意义，诸如高等教育质量保障体系的多元化发展、注重院校审计工作的效果评价、持续和及时的改进等，具体如下：

1. 高等教育质量保障体系的多元化发展

英国高等教育质量审计的实践表明，从整体来看，高等教育质量保障的方法和标准应该是"一揽子"的系统工程，并需要随着环境和需求的变化进行相应的调整。以 QAA 与各院校一起制定的质量保障框架（QAF）为例，其内容实际上是一系列的质量保障方法、标准和措施组合，具体包括院校审计、合作办学审计、学术资质框架、学科基准、专业规格、实践准则、教学质量信息网以及全国学生调查等一系列的标准和措施，并且进一步通过更为多元化的保障措施，形成互为补充的良好关系。比如，英格兰高等教育质量保障署的"担忧"（Causes for Concern）程序，该程序可对院校存在的问题进行快速调查，这些问题的提出可能来自包括师生在内的任何个人或机构；又如英格兰高等教育基金委员会同样制定了解决特定情况下院校教育质量问题的相关政策，如资金短缺导致院校教育质量差的情况。

2. 注重院校审计工作的效果评价，关注持续改进

英国有关各方机构（如 QAA、HEFCE、UUK、Guild HE 等）为提高高等教育教育质量，坚持效果评价，不断反思和改进质量保障工作。他们认为，首先，虽然英格兰和北爱尔兰拥有世界级的高等教育体系，并以其学位质量和教学质量著称，但公众对英国高等教育的信赖依然十分重要，而这种信赖最终将取决于高水平的学术质量和标准；其次，高等院校有责任为学生提供高质量的学习经历，这对学生们未来的事业与个人发展影响深远；最后，从教育管理的角度看，高执行力和高效率的质量保障措施建设目标对维系用人单位的信任度乃至国家高等教育体系及毕业生在国际上的声誉有着重要影响。

　　此外，英国高等教育管理部门的一些管理方法和理念具有一定的参考价值。例如，相关管理部门通过对现行质量保障方法的中期效果检查，及时发现问题并进行调整；在一轮评价工作结束前一年就开始全面调研和收集各方信息，研究下轮的质量保障方法；在两轮审计的中间会隔一段时间，致力于工作经验的总结与工作状态的调整，这在一定程度上体现了并非为审计而审计，而是关注审计对教育质量保障的实际效果。又如，无论是政府部门还是作为质量保障中介组织的 QAA，对质量保障方法和程序的修改均十分慎重，但有一点是肯定的，就是致力于满足公众的知情权和监督权，更好地服务公众，并将技术问题交由专业的部门或组织研究解决。

第三章 英国大学内部教育质量保障体系

第一节 大学内部质量保障体系的形成与发展

英国的高等院校，尤其是大学，自建立以来就一直保持着自治传统，大学的质量主要由大学自己负责，具体事务由学术委员会进行管理评判，在此传统下，大学教师监管着学术活动。换言之，"他们最清楚高深学问的内容，因此他们最有资格决定开设哪些科目以及如何讲授。此外，教师还应该决定谁最有资格学习高深学问（招生）、谁已经掌握了知识（考试）并应该获得学位（毕业要求）。"① 故而，英国高等教育的质量一般由院校内部控制。大学根据自身的标准和条件选聘教职人员、招收学生、开设课程，并授予本校的学位，以学术人员质量保障的主体，根据既定程序和标准开展课程的开设、审批、监控与检查工作，通过自

---

① ［美］约翰·S.布鲁贝克. 高等教育哲学 ［M］. 王承绪等译. 杭州：浙江教育出版社，2001：31.

查、同行评价，以及学生反馈等一系列方式，为各专业的教学质量和标准提供必要保障。下面将按时间顺序介绍英国大学内部质量保障活动的发展历程及保障体系的形成。

早在 19 世纪 30 年代，达勒姆大学就从牛津大学聘请教师对学校进行考试和评分，这一举措造就了外部监考员制度（External Examiner System）的雏型，这是一种学校自发的内部质量管理的方法。随后，这种做法便在那些新建的地方大学中盛行起来，由于它们不像古典大学（如牛津大学、剑桥大学）那样在学术和教学上拥有历经数百年积淀的卓越声誉，为了向外界自证教学水平，就从外校聘请监考员参与学校的考试和阅卷工作。维多利亚大学则将其作用拓展至实现其学术标准与古典大学的可比性，后来此举在高等教育界成为保证教学质量与学术标准的主要方法和自觉行为。外部监考员的选聘依据主要包括资历、经验及其学科领域的成就等方面，学校通过外部监考员制度既可向公众提供证明，又可对学校内部的教学体系起监督作用。大学建立这一机制的目的在于确保高校间相近学科所授学位标准的可比性，并在学生评价与分类中保持公平性。

20 世纪 60 年代后期，英国高等教育经历了大规模的扩张，建立了大批多科技术学院。随着大学规模与学生人数的不断扩充，人们发出了"更多即更差"的呼声，要求各院校加强质量保障，在此背景下，校外监考员制度进一步被大学普遍重视，校外监考员队伍的规模也不断扩大。此间，由全国学位授予委员会（The Council for National Academic Awards，CNAA）承担校外监考员的任命工作。

20 世纪 70 年代，英国高等教育所处环境发生了很大的变化，来自国家和社会的外部干预不断增强，政府不再充分信任单一的高等教育内部质量监控所发挥的作用，开始运用评估和拨款等手段监督学校的教育质量和标准。

20世纪80年代，鉴于政府对大学质量和标准的关注及对大学的问责和绩效要求，雷诺兹委员会于1986年公布了《大学学术标准》（*Academic Standards in Universities*），其中明确提出了大学必须实行外部监考员制度的要求，并制定了规范的程序，至此校外监考员制度成为一种强制性的高校内部质量保障方法，并从大学个体行为发展成为整个高等教育领域的事务。到80年代中后期，在政府相关政策推动下，大学内部建立起了规范的专业与课程审批和检查机制。就连大学自治和学术自由的发源地——牛津大学也在外部质量保障体制的推动下建立了专门机构、配备专门人员、建章立制开展学术质量和标准的相关工作。至此，学校开始较为系统地建设内部教学质量保障体系。

第二节　大学内部教育质量管理制度和质量保障模式

在英国高等教育数百年的发展历程中，大学在质量管理方面极大程度上处于自发性的自我管理状态，可以被理解为是一种内生的大学文化而存在着，并自觉维系对质量和标准的要求，即利用组织共享的价值观、传统和信念来控制组织成员的行为，整合组织活动①。在长期的发展过程中，逐渐形成了几种较有代表性的质量管理制度。

一、学院制（Collegiate System）

英国大学建立初期，社会环境所呈现的状态是"一个大学不是一块土地、一群建筑，甚至不是一个章程，而是教师和学生的社团和协会，大学在开办时没有真正的地产"②。社会动荡、大学和城镇居民相冲突，于是就产生了通过私人捐助为大学学生提供食宿的机构，这就是学院的雏形。在引进学院制后，大学对学生的知识学习和道德品质的管理得以加强，使之取得了长足发展。牛津大学于 1249 年成立了巴利奥尔学院（Balliol College），于 1264 年成立了默顿学院（Merton College），这两个学院是牛津大学最古老的学院。牛津大学默顿学院（Merton College）的创办者对在该学院学习的学生提出了以下要求："高雅、宁静、谦虚，家境贫寒，行为良好，并具学习能力……他在室内必须说拉丁文，不高声喧哗，如有行为严重不端者，将被驱逐。"③直到现在还保留着这一传统。14 世纪，学院取得了空前发展，在这一时期，牛津大学建立了一批学院，包括斯特普尔顿学堂（Stapeldon Hall）、圣·玛丽学院（St. Mary's College）、女王学院（Queen's College）和新学院（New College）等。剑桥大学也在此间建立了一些学院，如迈克尔学院（Michael House）、大学学堂（University Hall）、

---

① 金顶兵，闵维方.论大学组织的分化与整合 [J]. 高等教育研究，2004（1）.

② [美] 戴维·林德伯格.西方科学的起源[M].刘晓峰等译.北京：中国对外翻译出版公司，2001：215.

③ 顾明远，梁忠义.英国教育 [M].长春：吉林教育出版，2000：73.

彭布鲁克学院（Pembroke College）、贡维拉学院（Gonville College）和三一学院（Trinity College）等。从此，学院在英国大学中不断发展完善，逐渐发展为自治的机构，几乎可以独立为学生提供完整的课程。每个学院都有长期积淀而成的教学风格，以及生活和人文的环境。学院大部分是由私人或团体捐款建立，而非由大学规划设立，这一特性使得各学院都开设了比较全面、系统的课程，进而很容易就在学院之间形成竞争，使其竞相提高本学院的教学水平，这就形成了英国大学的管理特色——学院制管理。

二、导师制（Tutor System）

在学院制被引入大学后，各学院就设有导师，负责管理学生的教育和行为品德，可以说是导师制的雏形。19 世纪后期，学院开始设立担任教学工作的专职导师，正式确立了导师制。在英国大学中，几乎每一位教师都有责任担任导师工作，学院会为每位新入学的学生配备导师，负责学生在学习和生活上的指导。导师所带学生人数因校而异，如在牛津大学和剑桥大学，每位导师通常会带 1~3 名学生。导师通过与学生进行每周较为固定次数的见面，同学生交流，对学生的学业、品格养成以及就业等各个方面进行指导，在指导过程中注重引导启发，培养学生学习思考的主动性与积极性。"……在本科生与导师之间建立的人际关系，尽管可能存在种种个人的局限性，却是世界上最有效的教育关系"①。事实证明，直到现在导师制还是最主要、最有效且潜力巨大的教学方法。

---

① Flexner, A. Universities：American，English，German. Oxford University Press，1930.

三、学位分级制

在英国，大学学士学位包括荣誉学位和普通学位两种。荣誉学位通常只包括一门主修科目和一两门辅修科目。荣誉学位从高到低又分为"一"至"三"三个等级（其中二级又分为一类和二类）：一级荣誉学位，其获得者可以得到专门培养；二级一类荣誉学位，程度较高，获得者通常允许深造；二级二类和三级荣誉学位为终结性学位，仅用于证明大学经历。普通学位同样只用于证明大学经历。一方面，学位分级可以激励学生为获得更高级别的学位而倍加努力；另一方面，高级别学位的存在提升了英国本科教育的规格与水准。

四、校外监考员制度（External Examiner System）

作为英国大学所特有的考试和学位质量监控制度，外部监考员制度源于新建地方大学的自我教学质量证明需要，在实践中因其效果显著而推广至所有大学。如今的校外监考员制度已经成为实现大学之间学术标准的一致性和可比性、确保学生评价和学位授予的公正性的重要质量保障手段之一。英国大学的校外监考员制度的实际做法就是大学在进行学位考试时，聘请外校同领域资深教师或专家学者担任学校考试委员会成员，参与学位考试的出题、监考和阅卷等工作，并就课程设置、学位授予标准和程序等内容给出书面意见和建议。此项制度的发展历史在第一节中已经讲述。1996 年，高等教育质量委员会对校外监考员做出了更为明确的定位和规范：帮助保持各大学学位和学位相关因素教学质量水平的平衡；证明校外监考员对其负责的学位和学位相关因素判定标准是恰当的；帮助大学保证对学生评价的程序是公正的，给出的学生考试成绩以及对学生成绩做出的分类和分级的操作是公平的①。1997 年，英国高等教育质量保障署正式成立后，着手强化校外监考员在统一学术标准和保障学位质量中的作用，开始建立注册校外监考员备案制，进一步规范校外监考员的管理。1998 年，高等教育质量保障署在《更高质量》(*Higher Quality*) 中指出，其强化校外监考员制度的目的在于以下几个方面：明确校外监考员在高等教育质量和标准保障中的位置；建立全国统一的具有可操作性的校外监考员制度框架；通过校外监考员注册备案，保证校外监考员候选人的能力和资格；通过校外监考员制度的规范化，为高等教育机构学术标准的可比性确立一种机制②。

除上述内部教育质量管理制度以外，随着英国高等教育的不断开放，源于工商界管理领域的一些较为成熟的管理模式也开始被引入高等教育质量保障领域，如下面介绍的两个模式。

五、BS5750 或 ISO9000 模式

BS5750 系列标准是英国标准局为检验、控制工业产品质量而制定的；ISO9000 则是以国际标准组织的某一标准为基础，综合参考了加拿大 (CSA2299) 和美国 (ASGC21.15) 等相关标准制定的，其目的与前者相同。有些学者认为，虽然工商界的情况与高等教育界的背景大相径庭，然而其基本原理，即满足用户需要是

---

① Brown, R. Quality Assurance in Higher Education: The UK Experience since 1992. London: Routledge Farmer, 2004: 66.

② The Quality Assurance for Agency Higher Education. Higher Quality-part3, http://www.qaa.ac.uk/news/higher quality/hq3/default.asp.

完全适用于教育界的。在 20 世纪 80 年代后期至 90 年代初期，英国学者 R.艾利斯把 BS5750 标准的基本精神与程序引入大学的教学管理领域，建立了大学教育质量保障的 BS5750 或 ISO9000 模式。这一模式具有以下特征 ①：

（1）这一模式来源于工商业界，深深地印上了"市场化"的烙印，其基本原则就是"用户利益至上"，满足用户需要就是这一模式的根本宗旨，也是它被引入教育领域的前提。

（2）这一模式是在英国高校出现的，虽然起源于工商业界，具有一定的外生性，但从其管理程序来看，本质上是校内管理，强调学校全体员工的参与，与英国高校享有较大的自主权并不相悖。

（3）这一模式极端重视高等学校教学的绩效指标，要求对教学过程中的任何关键活动都能出示具体的实证指标，而不太重视定性的描述。

六、专家管理模式（A Professional Model for Quality）

这一模式是由英国学者路易斯·埃尔顿（Lewis Elton）提出的。全面质量管理理论认为，产品或服务的质量既不能从组织工作外部也不能从组织的章程得以维持，它需要组织全体成员的全面参与和全力投入，这就是全面质量管理理论的核心要义，也是大学实施专家质量保障模式的理论前提。专家管理模式的各阶段如下：

---

① 陈玉琨，代蕊华等.高等教育质量保障体系概论［M］.北京：北京师范大学出版社，2004：28-31.

（1）大学通过不断提升专业化水平，与用户协商确定其目标及标准；

（2）根据学生学习环境的总体特征解释其目标与标准；

（3）通过在教师个体以及学校层次正式的自我评估程序来监督与评价学生的学习环境；

（4）教师的自我评价要继之以职工评价，学校的自我评估要继之以课程评估、管理评估与资源评估；

（5）评估结果可以适时作为师资培训与发展、课程设置与资源配置的依据；

（6）程序（1）～（5）构成了一个质量保障体系；

（7）通过外部质量审计或类似的过程进行质量保证；

（8）由定期的同行评估对学生的学习环境进行直接的质量评估；

（9）通过可以公开的审计与评估对用户负责；

（10）根据质量保障过程中得到的实证材料，大学与用户协商，重新界定其目标与标准；

（11）教师得到培训与发展后，专业化程度提高。

这一模式最重要的特征在于发展性。它从学校设立目标开始，至促进教师的专业化为止，但同时又为重新确定目标打下了基础，新的质量保障周期又开始了。如此循环往复，达到持续保障与改进大学教育质量的目的①。

由上可以看到，英国高校的学院制、导师制、学位分级制和

---

① 陈玉琨、代蕊华等. 高等教育质量保障体系概论 [M]. 北京：北京师范大学出版社，2004：33-34.

校外监考员制度都是学校内部自发形成的质量保障方法。BS5750模式或 ISO9000 模式和专家管理模式是高校从工商界引进的质量保障方法，都具有外生性，采用的质量保障工具都是定量与定性相结合。但是两者的质量判断标准不同，BS5750 模式或 ISO9000模式是以顾客的满意作为判断质量的标准，它的教学质量观是满足顾客的需要，管理的重点在于质量保障体系的合理性和有效性，而全面质量管理是以组织发展的成就作为判断质量的标准，它的教学质量观是满足学生和社会对教学的需要，管理重点在于质量改进的过程。

第三节　大学内部教育质量保障体系的现状分析

在对英国四类大学的内部教育质量保障体系进行个案研究的基础上，笔者分析总结出如下一些共同的内容，下面将结合牛津大学个案研究对其做详细的论述。

一、学校的教育质量准则和学术标准

学校的内部教学质量保障活动必须遵守教育质量准则。院校的教育质量准则由外部质量准则，如 QAA 制定的质量准则与学术标准，以及内部质量准则，如学校制定的质量目标与学术标准两部分组成。英国所有的学校必须遵守 QAA 制定的质量准则和学术标准，其内容主要包括学术资质框架、学科基准、专业规格和实践准则，具体内容已在第二章第二节外部质量保障体系的现状分析中细述。每所学校还必须根据自己的使命、定位和特色制定适合自己的质量准则。学校内部的质量准则与学术标准一般包括学术地位、教育水准、质量保障、学习环境和社会服务等内容。

二、学校内部教育质量保证体系的组织机构

英国学校一般由最高层的校董会对教学质量和标准承担最终责任，校董会下设有学术委员会或教学委员会或教育委员会或教学质量保障委员会具体负责全校的教育质量和学术标准，学校指定一位负责教育的副校长做委员会主任。在学院层面，设有院务委员会、教学委员会、本科生学习委员会、考试委员会、教育发展委员会和师生联络委员会等，保证学院的教学质量和标准问题。在系/研究所层面，设立本科生管理办公室和研究生管理办公室具体负责本系/所的教育质量与学术标准保障工作。学校还可能设立教学促进中心、教师与教育发展中心或教学研究所等辅助机构，在提高教师的专业水准和教学质量方面，开展各类培训、讲座、学术会议等服务活动。虽然各类学校负责教育质量保障工作的机构名称各异，但在校、院、系三个层面各自所起的作用，机构的职能和人员组成十分相似。所有这些不同层次、级别的教育质量组织机构在质量保障活动中既有合作又有分工，从不同的点面相互配合和监督，共同致力于学校教育质量的提高。

三、学校内部教育质量保障活动的主要内容

现将各类学校的教育质量保障活动内容总结归纳如表 3-1 所示：

表 3-1　学校内部质量保障活动的主要内容

项目	主要活动
质量目标	学校使命定位、人才培养目标制定、质量准则制定、学术标准制定
专业与课程	新专业审批、年度专业检查、周期性的专业评估、年度课程模块评估
教学过程	学生准入质量监控、日常教学质量监控、考试和评分标准监控、学位和学历标准监控、学籍管理制度、学生评教、学生评课、师生联络委员会的沟通、同行评教、学校质量管理人员或领导评教、教改的鼓励措施、优秀教学成果评选、优秀教师评选
教师与教学法	新聘教师培训、助教培训、教师培训、教师研讨、教师学术交流、教学研究、新教育技术使用的培训
教学资源和教学辅助	教师招聘（面试和评审）、教师教学工作考核、教学辅助单位如图书馆、计算机中心、语言中心等的检查、教学设备与技术评估、教学经费评估
学习产出/效果	学术顾问委员会评价、考试委员会报告、专业评估机构报告、毕业生反馈、教师反馈、学生反馈、雇主反馈
年度质量报告制度	院系教学质量评估与反馈、院系教学质量保障体系评估与反馈、周期性专业评估与反馈、系院校逐级年度质量报告
申诉制度	学生申诉制度、教师申诉制度
教学信息发布	质量保障手册与指南、教育委员会指南、考试规则、监考指南、教学战略、专业课程手册、质量保障方面的范例、校内网站上教育质量专栏

从表 3-1 可以看到，英国学校内部教学质量保障工作涉及了教学的方方面面，贯穿了教学投入、过程和产出的全过程，教师、学生和管理人员全体参与到质量保障活动中来，这就是英国高校的质量管理理念。

四、学校内部教育质量保障采用的主要方法

英国高校保障教学质量的方法除了外部监考员制度外，主要有学校层面的周期性的全面工作检查（常和 QAA 的院校审计结合起来）、定期的专业评估、系/所层面的年度模块课程评估和日常的课堂教学质量的监控。

第四节　大学内部教育质量保障体系的问题分析

通过对英国院校审计报告进行分析，笔者总结出如下高校内部教育质量保障体系中好的方面和存在的问题。

一、两轮院校审计的审计结果

QAA 在第一轮院校审计（2002~2006 年）中共审计了 126 所院校，其中有 120 所院校获得"广泛信心"的审计结论，6 所院校获得"有限信心"的审计结论，累计信心比率达 95.2%，具体情况如表 3-2、表 3-3 所示。

表 3-2　2002~2006 年院校审计的结果统计

时间	总数（所）	广泛信息（所）	有限信心（所）	没有信心（所）	当年的信心率（%）	累计比率（%）
AY2002-03	24	24	0	0	100	100
AY2003-04	46	42	4	0	91.3	94.3
AY2004-05	44	42	2	0	95.5	94.7
AY2005-06	12	12	0	0	100	95.2

表 3-3　2004~2006 年合作办学条件审计结果统计

时间	总审计数（所）	广泛信息（所）	有限信心（所）	没有信息（所）	信心比率（%）
AY2004-05	2	1	1	0	50
AY2005-06	21	20	1	0	95.2

注：AY 指学术年度（学年）。

资料来源：HEFCE. Report of the sub-committee for Teaching, Quality, and the Student Experience, October 2009.

在第二轮院校审计（2006~2009 年）中截至 2009 年底共审计院校 50 所，其中有 45 所院校获得"信心"的审计结论（专家们认为"广泛信心"的结论表达得过于饱满了，故在这轮审计中改为"信心"），5 所院校获得"有限信心"的审计结论。信心累计比率达 93.8%，比过渡期下降了 1.4 个百分点。具体如表 3-4、表 3-5 所示：

表 3-4　2006~2009 年院校审计的结果统计

时间	总数（所）	信心（所）	有限信心（所）	没有信心（所）	当年的信心率（%）	累计比率（%）
FY2006-07	3	2	1	0	66.7	94.6
FY2007-08	24	23	1	0	95.8	94.8
FY2008-09	23	20	3	0	87	93.8

表 3-5　2006~2009 年合作办学条件审计结果统计

时间	总审计数（所）	信心（所）	有限信心（所）	没有信心（所）	信心比率（%）
AY2006-07	6	6	0	0	100
AY2007-08	0	0	0	0	N/A
AY2008-09	0	0	0	0	N/A

注：AY 指学术年度（学年），FY 指财务年度（1~12 月）。

资料来源：HEFCE. Report of the Sub-committee for Teaching, Quality, and the Student Experience, October 2009.

二、院校审计报告的分析结果

英国高等教育质量保障署（QAA）通过对 129 所院校审计报告进行分析，得出结果表明，院校内部教育质量与学术标准保障体系总体上是好的，有很多好的做法值得推广，但是也存在一些不足之处需要改进。

（一）院校内部教育质量与学术标准保障体系做得好的方面

1. 教育质量与学术标准保障体系的制定和运行方式

高校在教育质量与学术标准保障体系的设计中，充分参考了学校层面的规章制度，以合作与包容的形式制定教育质量保障体系，使得这一管理体系能够对院系在教育质量和学术标准方面应该履行的主要责任发挥全面监管的作用。在实际运行中，学校能够制定相应的内部质量审计制度，对学校内部各类质量保障方法的有效性开展定期审计，并联合各院系在共同的质量管理体制下施行统一的管理模式，促进学术职员和行政职员之间的紧密合作。从实施效果看，有关教育质量与学术标准的管理制度有效融入了整个校园，学校教育质量与学术标准保障体系在学校层面和院系层面实现了有效衔接、紧密联系。学校在整个教育质量与学术标准保障体系中发挥总控作用，对各种评估活动进行统一监管，以确保评估活动的一致性，同时把具体责权下放至各院系，并且学校与院系间保持适当的相互制衡关系。

2. 纸质或电子政策文件和相关说明手册对质量管理发挥着显著的指导作用

毋庸置疑，对于教育质量与学术标准的管理，建设全面、明了和严密的质量保障规章制度显然极为重要，高质量、综合性的指导文件也将有助于教职员工理解和执行相关政策，而诸如院校质量保障手册、学生手册等指导文本作为教职员工和学生获得所需信息的主要来源，有必要做到清楚、综合、简明以及容易获得。对此，学校为教职员工编制了学术规范体系、高等教育资质框架和学科基准等一系列简明指南，以帮助他们更好地理解全国性的质量保障政策与标准。此外，学校也编制了质量保障方面优良做法的指南，以便在院校内部进行交流与推广；在学校网站上建立了用于公布院校相关政策与方法的信息专栏，并对相关内容进行及时、有规律的更新；为课程开发人员提供综合性的课程开发指南，以积极推进该领域实践工作的一致性；为学术职员提供了《专业指导手册》（*Programme Leader's Handbook*）①。

3. 各类专门的质量与标准管理组织机构和相关人员在质量保障活动中发挥了重要作用

学校成立了各种有利于保证与促进教育质量和学术标准的组织机构。例如：成绩认可与学位授予分类小组（Results Ratification and Awards Classification Panel）②，其职责在于监督保障学术标准；质量保证与提高小组，借此发挥全校教职员工的作用，使那些具有丰富经验的教职员工从事教育质量与学术标准的管理工作；质量协调小组，其在院系之间组织质量论坛，积极促进优良做法的交流与推广；教学委员会，以此作为推进质量文化建设的原动力；学术审计委员会，该委员会在评价现行质量保障体系的有效性和不足方面发挥着重要作用；教学发展中心，该中心在全体师生和评估之间起着协调员的作用；科研与知识转化中心（Research and Knowledge Transfer Centre）和研究学位委员会（Research Degrees Committee），它们对研究生的支持和科研文化的提高起到重要作用，此外，评估制度工作组、常设评估小组和学生管理处在质量保障活动中也发挥着各自的积极作用。除此之外，在学院

---

① QAA. Outcomes from Institutional Audit Institutions' Frameworks for Managing Quality and Academic Standards. The Quality Assurance Agency for Higher Education. Linney Direct, Adamsway Mansfield, 2008: 5.

② QAA. Outcomes from Institutional Audit Institutions' Frameworks for Managing Quality and Aacademic Standards. The Quality Assurance Agency for Higher Education. Southgate House Southgate Street Gloucester, 2006: 5.

之间建立统一的教学管理组织机构，赋予其相应的职责，有利于促进实践的一致性和质量的提高；院系的质量事务办公室在制定本院系的质量议事日程（包括教职员工的培训工作、与院系的合作等事务）中发挥着积极主动的作用；大学教学委员会在各系设置联络点，其建立与运行有利于促进各系对院校政策和相关程序的解读，并有助于推进成功经验在全校范围的交流。

就各院系的学术教职员工而言，让他们参与大学教学支持处和高级管理部门的工作有利于教学支持处（行政管理部门）在教育质量与学术标准的制定和执行方面为学术部门提供指导。就院系质量保障小组组长而言，他们在诊断质量提高及专业教学层面存在的相关问题方面发挥着重要作用。就院系层面的教学负责人和院系助理而言，他们为教育质量与学术标准管理工作贡献着各自的力量，如教学负责人协调着整个院系的教学工作，院系助理在彼此之间因工作需要开展着建设性的合作，并与院系注册处人员进行交流等。

4. 学校和院系在教育质量与学术标准管理方面的相互配合（即处理好学校与院系之间的关系）

报告中大量实例表明，学校和院系之间质量活动的联动是教育质量保障成功的重要因素。许多优良做法是学校与院系之间职责有效结合、院系工作积极融入学校整体行动计划得来的。学校与院系相互联动的方式很多，如学校组织召开大学委员会会议，在学校层面进行坦诚深入的质量讨论，总结出各院系的观点和经验，并记录在案；在学校各部门内部和部门之间的专网上开设质量专栏，这样有利于思想交流和优良做法的推广；学校高级管理人员与职员和学生进行开放式的交流。这些方式使整个校园和各学院保持着一个良好的学院制环境。学校致力于营造嵌入式质量文化（An Embedded Quality Culture）氛围。

5. 院校对学生的支持以及学生参与质量保障活动

这方面的优良做法主要体现在以下方面：院校注重以学生为中心，关注学生提出的各方面意见；通过成立师生研究团体，使研究型学生的管理策略与各院系的规章制度建立有效联系；有效运用院校的总课程计划（Curriculum Mapping），以确保在模块课程中专业知识的完整性；院校制定支持学生的相关机制，特别是有关文化与宗教多样化的政策以及支持研究型学生学习经历的相关制度；通过多种渠道支持学生代表参与学校各个层面的质量保障活动。

6. 科学合理的评估方法和标准

这方面的优良做法主要体现在以下方面：使用适度、明确的标准辅助测试学生已达（学术）水平，并向学生做有效反馈；通过考试委员会（Examination Board）开展的课程模块检查，加强学习效果、评估和学生成就三者之间的联系；学校的模块课程、奖励学习效果及评估计划与外部参考标准做到充分一致；院校能够积极参考 QAA 制定的学术规范体系，并将其融入院校的教育质量与学术标准保障体系。

（二）院校内部教育质量保障体系存在的主要问题

（1）在第一轮院校审计中，很多院校的教育质量与学术标准的保障体系是新建或重新设计的，大多数没有经过测试。对此，专家们认为这些教育质量与学术标准保障体系在未来很难保证其有效性，对于院校以往所用质量保障体系的有效性存有质疑。

（2）院校教育质量与学术标准的管理缺乏战略性方法，缺乏全面的质量管理策略。

（3）学校层面和院系层面的交流不足，院系缺乏对学校政策创新的响应，而学校层面对教育质量与学术标准保障体系也存在监督不力的现象，尤其是对于学校交由院系实际操作的相关工作。

（4）存在教育质量委员会组织结构复杂、类似职能的委员会重复设置以及由此导致的运行成本高等现象。并且，存在院校审议机构（Deliberative）和执行机构（Executive）之间的质量管理职责趋于模糊的现象，其原因常常是院校里地位较高的小部分核心教职员在质量管理方面执行着不适当的职责。此外，也有些报告明确对学校移交给院系的重大职责表示担忧，因为如此一来院系可能拥有过大的自治权。

（5）院校在学生经历的同等性尤其是评估和奖励制度方面存有不公平现象。大量审计报告指出，院校在对学生的评估和分类过程中做法的不稳定，将影响评估和分类标准的统一性以及对学生的一视同仁。

（6）存在院校的质量保障标准与国家参照标准不一致的现象。一些院校的质量保障政策在解释和执行中遇到困难。

（7）存在合作办学缺乏全面监管的现象，一些报告对于院校管理大规模、快速扩张合作办学的能力表示了担忧。

此外，对于一些审计结果为"有限信心"的院校，其存在的主要问题可能涉及以下某个或某些方面①：院校新专业的审批、监督、制定程序不独立，没有采纳外部专家的建议以及开展年度定期检查；院校没有专门设立负责学术事务及相关研讨工作的组

---

① QAA. Annual Report to the Higher Education Funding Council for England，2005：6，2006：7.

织；院校内部质量保障标准的制定未能参考外部的全国性相关参照标准；院校与外部监考员的合作方式有效性较差，未能充分使用外部监考报告；合作办学的合法性、合规性和有效性存有疑问，合作院校保障教育质量与学术标准的机制不健全以及合作办学的学术授予标准管理不严等。

下面笔者将从学校、学院和系所三个层面对牛津大学的本科教学质量保障体系进行深入、翔实的阐述与分析。

第四章　牛津大学本科教学质量保障体系

作为英国最古老的大学，牛津大学是一所文、理、法、管、医、工相结合的综合性大学。它的教学始于 1167 年，具有悠久的历史。牛津大学共有 38 个独立的学院和 6 个永久性私人学堂（准学院）①，拥有约 2 万名学生（12106 名本科生和 7380 名研究生）、8500 名大学教师、3000 名职员和 18 万校友②。2008 年，牛津大学本科生占学生总数的 61%③，这也体现了其以本科教学为中心的传统。

作为世界顶尖学府，牛津大学有着明确的使命、办学理念与发展目标。其使命是在教学和科研的每一个领域都达到和保持卓越，保持作为一所世界一流大学的历史地位并实现进一步发展，通过科研成果和毕业生的技能造福国际社会、国家和地方。这一使命反映出牛津大学学术自由、自主、联合（Collegiality）和追求卓越的核心价值观。其办学理念是探索普遍学问，以领袖型人才为培养目标，以导师制为人才培养的主线，辅之以各种讲座、讨

---

① Oxford University. A Brief History of the University，2009.
②③ Oxford University. Oxford People，2009.

论和丰富多样的课外活动，共同完成对学生的培养，体现了求实、辨证和以人为本的办学特色。其整体规划目标的制定基于"追求卓越"，在其公布的《2005-06学年至2009-10学年牛津大学整体规划》（The University's Corporate Plan，2005-06 to 2009-10）中指出，牛津大学发展的总目标是"英国第一，世界顶尖"，具体目标有以下几点：在大学各学科领域以及跨学科领域引领国际研究潮流；为本科生和研究生提供优质的教育，并以与学生和杰出学者的密切联系、权力分享的学院制管理为特征；通过研究成果、毕业生素质、企业化活动、政策导向，以及继续教育等对本地区、本国和国际社会做出重大贡献；吸引、培养和留住全世界最高水平的学术人才；通过基于成绩和潜力的公平程序来招收国内外最优秀的学生；为师生员工提供优质的设施和服务①。

牛津大学的教职工大会是学校最高权力机构，履行类似公司股东大会的职能，承担最终的法律责任，由4100多名成员，由学术界人士、资深研究员、图书馆员、博物馆员和行政人员组成。学校教职工大会选举产生董事会，它是学校最高执行机构，由学校各利益相关者代表组成，如学校主管部门、教师代表、学生家长代表、校友等，主要对战略决策和学校发展规划负责，通过5个主要委员会进行运作。学校的日常事务如财政和计划主要由大学的四大学术部负责，每个学术部有一个全职的部长和学术部委员会。牛津大学的各个学院是完全独立自治的，主要负责本科生的招生入学、教师聘任与导师指派、本院的财务工作（负责发放工资、奖学金）、师生学习和生活设施（如宿舍、食堂、图

---

① Oxford University Gazette. The University's Corporate Plan，2005-06 to 2009-10，22 Sep 2005.

书馆、电脑室、医疗室、体育场及活动场所等）的提供、各类文体活动及团体社交活动的安排等。学院的独立和自治主要表现为以上内容，而从整个组织结构看各学院是大学的主要组成部分，并且在整个学校体系中相互联系 [①]（具体组织机构见图4-1）。

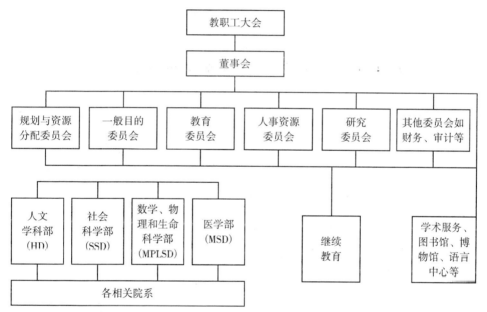

图 4-1　牛津大学组织机构

① Oxford University. The Structure of the University，2009.

第一节　本科教学质量保障的组织机构与规章制度

一、本科教学质量保障的主要组织机构

牛津大学在校、院、系三级均设有专门保障教学质量的机构，既相互合作又分工明确。牛津大学在董事会下设有一个教育委员会，它是负责教育质量和学术授予标准的最高机构，有一学术政策支持部门为其提供咨询和参谋，负责在各学部之间讨论和磋商有关质量保证框架、政策和指南方面的相关问题。在教育委员会下设有四个学术部，协调各院系质量保障工作，负责执行理事会和委员会制定的大纲、政策和指南。四个学术部下面的学院均设有学院委员会，对学院的教育质量和学术标准负责。各系/所设有本科生管理办公室，负责各系/所本科生相关事务。由此可见，具体的质量保障工作的重任落在系/所层面。另外，学校还设立了教职员工大会督导委员会，负责全校教学质量活动的协调和咨询。在四个学术部委员会之间又有一个学术委员会（由招生委员会、资深顾问委员会和毕业生委员会组成），负责学部之间和上下级之间的工作协调。各学院又有学院委员会负责学院之间和上下级之间的协调工作，并对下属的所有学院的教学质量负责。总之，学校的教学质量由教育委员会、各学术部、院系和相应的委员会共同负责，各尽其职。具体质量保障机构布局如图 4-2 所示。

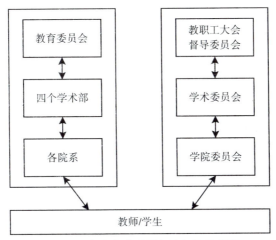

图 4-2　牛津大学质量保障机构示意图

下面对各质量保障机构的职能、人员构成与工作机制等做进一步的概要介绍。

（一）教育委员会（The Eduaction Committee，EdC）

教育委员会作为学校负责教育质量和学术授予标准的最高机构，其主要职责有以下方面：制定教育质量方面的方针政策和规章制度（包括入学的途径和准许进入标准、课程设置和安排、教和学、评估、学术和实习的支持与指导），并保障这些政策和制度在各学部的执行效果与持续改进；监督学位和学历的授予质量与水准；研究董事会提出的有关教学、研究和学术方面的问题，并提交报告、给出建议；与外部质量保障机构交流；考虑研究生、本科生及继续教育之间活动和资源的总体平衡等。通常，教育委员会每两周召开一次例行会议，由负责教学的副校长主持，与各学部共同探讨和协商有关质量保障框架、政策支持、操作指南等方面的重大问题，并监督各学部的实际实施情况。教育委员会由 21 人组成，具体包括一名负责教学的副校长（委员会主席）、三名学监和评估员，其他人由理事会从学院委员会中任命，同时还包括两名学生代表和两名协作人员①。该委员会设有三个专门小组，由大学和学院的联合代表组成，分别负责考试、研究生事务和本科生事务。

（二）学术政策支持部门（Academic Policy Support Section）

学术政策支持部门由教育委员会秘书处人员组成，辅助负责教学的副校长开展工作，负责协调大学内部的教育质量与学术标准方面的事务。该部门就学校专业发展与检查、专业细则、考试与评估、外部监考员、考试条例制定等方面的问题，为全校提供咨询和指导②。

（三）四个学术部（Academic Divisions，AD）

牛津大学有人文学部，医学学部，数学、物理及生命学部和社会学部。每个学部都设有质量保障办公室，学部在大学章程下各司其职，如制定学术规划、组织监督、课程开发和学科领域的教育质量与学术标准的保障，对各学院和系所的质量保障工作负有监督之责③。在四个学术部之间设有学术部委员会，会员主要由各学部的代表组成，负责协调各部之间的横向关系及学部与教育委员会的纵向沟通。

（四）学院委员会和各系/所本科生管理办公室

牛津大学的所有学院均设有学院委员会，主席一般由院长担任，学院委员会在学部和院校之间起到协调和沟通的作用。学院委员会在教育质量和学术标准方面的职责主要有以下几点：确保

① Oxford University. Council Regulations，2002.
② Oxford University. Contact Information，2008.
③ Oxford University. Division，2009.

本院系所有专业和课程的教育质量与学术标准都符合学校的要求，并不断提高；确保学校各项质量保障工作在本院系得到贯彻执行；监督教学方面的改进工作；负责校外和学校层面的各种质量审计及专业检查工作；聘用、考核教师和职员；保证学院的各种教学资源；核实和推广学院内在质量保障方面好的范例；向学校提交年度教学质量报告等。另外，院系还设有外部监考员委员会（Board of External Examiners），负责审核学生的考卷、答卷、评分标准以及评分是否公正，各位外部监考员完成监考工作后都需撰写监考报告，并提交监考员委员会。在牛津大学质量保障组织机构中，系/所是重要组成部分，各系/所的本科生管理办公室作为质量保障工作的执行主体，在教学质量保障中发挥着重要的作用。

此外，牛津大学于 2000 年成立了一个教学辅助单位——"牛津大学学习研究所"（Oxford Learning Institute），旨在进一步提高大学的教学质量。该所通过促进学校教职工（如研究人员、系主任、行政人员、一线的管理人员等）在个人专业、职业和管理方面的发展以及学校相关政策的改进，支持学校在学习、教学和科研方面保持卓越水平，该研究所开展的培训、咨询、讲座、学术会议和教学研究等一系列活动，均采用研究的方式进行。在教学质量的保证和提高方面，该所的研究与实践工作主要通过学生课程体验问卷调查来开展，收集学生在校的学习信息，这些信息也反映出学术团队的教学状况，可以为教育委员会提供重要的信息资源①。

---

① Oxford University. About the Learning Institute，2009.

二、牛津大学教学质量保障的政策文件

牛津大学的质量保障活动是基于教育质量与学术标准和一系列政策文件有序进行的，这些教学质量保障政策规定包括外部参照标准和内部教学质量保障政策两部分。

（一）外部参照标准

外部的高等教育质量与学术标准的参照标准主要有以下三点：

（1）英格兰高等教育基金委员会（HEFCE）与高等教育质量保障署联合制定的质量保障框架。

（2）高等教育质量保障署（QAA）制定的高等教育学术规范体系。

（3）欧洲高等教育区的高等教育质量与标准指南等。

（二）学校内部教学质量保障政策

学校内部的教学质量保障相关政策文件主要有：

（1）大学章程。章程涉及学校主要机构的组成及授权管理的范围、学位、大学纪律、申诉程序和安置就业政策等关键内容。

（2）教育委员会指南。具体涉及各学部和学科层面的指南，学院的实践准则，学院之间的运行程序，学院内部规定，教育委员会和各学部对教学质量保障成功范例的推广，相关的政策和指导文件（如合作办学管理条例、考试与评估规定、新课程引进和本科生教学管理规范）。

（3）质量保障手册。该手册由教育委员会制定，作为指导全校教学质量和学术标准的总纲领，其主要对以下 12 个方面作出了质量保障和提高的相关规定：招生，新生入学教育，课程设置、审批、监督和检查，考试，学生的反馈，学生的投诉和申

诉，统计信息，外部输入，教学质量的提高，教学监控，研究生研究学位，合作办学和就业指导。这些内容涉及了教学输入、过程及输出等各个阶段。手册的每项内容均由两部分组成，第一部分体现了高等教育质量保障署（QAA）及其他相关全国性评估机构的要求，第二部分则是学校内部的要求。无论是质量保障的外部参照标准，还是教育委员会的现有政策，均旨在帮助院系及相关部门了解特定领域的评估标准，了解如何利用这些文件提供的指导来取得更好的质量保障效果①。

（4）考试规则与监考指南。前者涉及学位课程的结构、考试程序和教学大纲三项内容，后者涉及必要的学生信息、监考员及评价者的记录、主考者及主考主席的指南三项内容。

（5）教学战略。牛津大学的教学战略是统领学校所有教学活动的关键性文件，这一战略拟实现的具体目标包括以下几点：将国际知名研究者的科研活动贯穿于本科生及研究生的教学之中，把他们的学识用于增进学生学习；提倡独立且资源共享的学习，强调运用导师制和小组讨论的教学方式，满足每位学生的需要，使学生的批判能力、相关资料的鉴别和评价能力得到提升；促进学校图书馆、博物馆等资源在教学和研究中的有效使用。

（6）专业细则。作为学校各专业的质量标准和学术准则，专业细则清楚地描述了各专业预期的学习产出及其实现途径和方法，是各高校质量保证制度中不可缺少的一部分。

（7）课程手册与课程大纲。课程手册与课程大纲是学校根据国家学术标准制定的教学文件。其中，课程手册涉及各专业的教

---

① Oxford University. Quality Assurance Handbook，2009.

育目标与产出、学习方法、学位课程结构、学术规范、导师和讲师的情况介绍、班级和学院会议、学生反馈、假期安排、转换专业、教学管理、学习资源、本科生咨询联合会情况介绍、残疾生的相关事项、投诉程序、奖学金、奖励和助学金、毕业论文、考试规则及获得学位的规定等内容；课程大纲涉及学生所学课程的课程名称、考试代码、开课院系、课程学分、课时、辅导时间、学习目标、学习成果、教学大纲、考试评估方法、对选修课程的要求、任课教师等内容。课程手册与课程大纲是学校教学质量保障活动在教学管理中的具体体现，是各高校质量制度的必要组成部分，对学生学习质量和教师教学质量的提高有着重要影响，可以使师生普遍了解学校的学术标准，从而形成自觉维护质量的氛围。

（三）牛津大学课程的审批、监督和检查制度实例

牛津大学对课程的设置和审批、课程质量的监督和检查有一套严格的制度。这是牛津大学教学质量保障体系中的核心内容，具体包括以下方面。

1. 课程的设置与审批标准

学校对课程的设置与审批一般会参照国家的统一标准进行，主要是参照英国高等教育质量保障署（QAA）制定的实践准则的第七部分：专业（Programmes）设置、审批、监督和检查[①]，来制定学校课程（Course）的设置、审批、监督和检查的相关政策[②]。

（1）QAA 对专业设置和审批的要求。

1）学校通过有效的程序确保专业设置、审批、监督和检查的

[①] QAA. Code of Practice for the Assurance of Academic Quality and Standards in Higher Education. 2006, http://www.qaa.ac.uk.

[②] Oxford University. Quality Assurance Handbook，2009.

标准和质量。

2）学校尊重学术权威部门，确保由他们来设立、保持和维护专业的质量和标准。学术权威部门对专业的批准以及相关检查方案的制定应该有适当的标准和原则并进行试行。

3）在专业审批和检查的关键阶段，学校应该聘请外部专家参与，因为独立和客观是确保高标准和质量的关键。

4）专业审批、监督和检查的程序应该有明确的描述并公之于众（各相关者）。

5）学校应该公布专业设置原则，并确保这些原则在审批阶段得到切实履行。

6）学校确保在专业审批过程中对自身教学质量及为学生提供的学习机会进行慎重考虑，并由学术部门最后对审批做出决定，也可以是独立于学术部门的其他部门或开设这个专业的单位来做决定，在此过程中应听取专家的建议。总之，要确保满足专业审批所需的所有条件，并充分考虑相关建议。

（2）学校对课程设置和审批的要求。

1）对于新开课、课程变更内容的说明，应该包括以下几方面内容：规章制度，考试规章制度变化时间表，设置新课程的原因，重要的变动内容，课程变动带来的既得收益以及实现时间表，开设新课程或课程变动被批准后计划实施的内容。

2）课程设置和审批的必要事项有以下几点：

● 新课程须获得有关单位或继续教育董事会以及教育委员会的批准。

● 开设新课程需考虑以下三方面：高等教育质量框架、发展学生的专业知识和相关的学科基准说明。

● 新课程的开设应该包括的信息如表 4-1 所示：

表 4-1 开设新课程应包括的信息

新课程的理论基础	外界意见
预期需求	课程说明
理论内容	评价方法
课时数	可以使用的教学资源
可以使用的考试资源	图书馆中可使用的资源
语言教学（班级授课）的意义	计算机技能
考试安排	管理与服务
相关设施	研究训练

● 需提供校外专家的意见。

● 对于联合课程（Joint Course），还需要一些附加信息，包括学生在联合课程中应该达到的学术水平；合作教学安排与合作管理机制；课程组织结构，联合开设课程的机构之间的职责分配；组成联合课程的各子课程间的联系；考试规则间的协调（尤其是对于涉及两个部门的联合课程）。

3）在新课程条例被批准和大学学报公示之前，院/系不得实行新课程。

2. 课程监督与检查

（1）QAA 对课程监督与检查的要求。

1）学校定期检查专业的质量，以保证专业跟上学科发展步伐及其实践应用；确保专业达到预期效果，即学生参加专业学习的效果；确保专业课程对学生学习产生实效；确保对可能出现的问题有合适的应对措施。

2）学校对于专业的持续有效性及其内部关联性定期进行全面的检查。此外，QAA 还对专业的取消做了以下规定：如遇专业须被取消，应该采取合理的措施保护已注册专业或已被录取学生的利益。QAA 要求学校对于专业的设置、批准、监督和检查有一套完整的评价方法。

（2）学校对课程监督与检查的要求。

1）对于现有课程的监督，要求院/系关注每年质量保障手册中提出的要求，并关注教育委员会关于考试与评估的政策和指导中提出的要求。

2）将相关职责的具体说明作为首要内容，包括谁负责改革现有课程、谁负责起草建议修改的规则、谁负责对现有课程进行监督。

3）在 QAA 的相关说明中，对课程监督与定期检查之间的区别做了如下解释：课程监督（Monitoring）主要是关注课程的效率问题，即关注实现预期目标、使学生达到预期学习成果的持续性效率问题；定期检查（Periodic Review）则是检查课程规划的有效性及其内部关联性的一种手段。

4）以下是 QAA 提供的一个关于课程监督规程的范例，以帮助院/系理解"课程监督"的内涵：

- 外部监考员的报告；
- 认证机构或其他外部机构提供的报告；
- 工作人员和学生的反馈；
- 毕业生和其他雇主的反馈；
- 学生学习进度以及相关数据；
- 给学生的材料包括课程规划说明、学生手册以及相关网址。

5）每年的课程规划审查须参考外部监考员报告中提出的建议，这在审计与评估的政策和指导文件中有明确的阐述。大学把外部监考员报告作为质量保障的一项措施，监考报告的内容也会附在责任文件中。院/系在进行监督时，应该参考外部监考员的年度监考报告。监考报告主要包括以下内容（包括其具体评估过程）：

- 关于现行评估方法的改进建议；

- 关于现有课程内容的改进建议；

- 针对一些具体题目，审查学生考试结果；

- 学生考试表现的整体水平，包括考试结果趋势或具体课程的考试结果趋势；

- 监考员依据考试过程的经历，对考试常规、规程或规则提出的改进建议。

6）课程监督并非替代年度课程规划检查，而在于说明这样的课程监督过程是如何与已有的外部监考员制度相联系的。

7）院系应注意监督联合学士课程，尤其关注监督的有效性、监督活动的组织安排、监督报告机制以及外部监考员和内部考试员的评价意见。

8）院系应注意保证课程规划说明、考试规则以及手册与网站公布内容相一致，另外还应该明确保证这些信息准确性的责任主体。

9）使学校的师生理解课程监督的相关活动，有助于课程监督活动的开展。

10）使学生明白课程教学、研讨会以及实践是如何融入教学模式的。在一般情况下，可以通过使用课程手册或教学数据库实现该项内容。相关院系的实践表明，出版教师指导手册有助于师生理解不同教学手段之间的相互关系、课程大纲覆盖范围以及师生使用方法之间的差异。

11）向新任导师、研究生教师以及代课教师提供指导。同时，鉴于学生间存在个体差异性，为了达到考试规定的标准，不同学生的教学需求也各异，因此有必要为学生提供指导。

12）对大学课程检查方法在具体的议定书（Protocol）中做详细说明。大学必须通过此类议定书对定期课程检查的一般程序进行说明。通常，课程检查的基本程序如下：确定检查的目的和内容，成立检查委员会，收集信息，组建评审委员会，确定会议时间，准备和起草报告。

三、专业的质量标准和学术准则范例

下文以牛津大学经济与管理专业为例，翔实地介绍了牛津大学按照 QAA 的学科基准[①] 所制定的专业规格[②]，以期对我国在相关领域质量标准的制定有所参考价值。

（一）经济与管理专业的准入标准（招生标准）

学院是否录取申请者将主要综合参考以下信息，如学习成绩、教师评语、思维能力评估的成绩（Thinking Skills Assessment 由剑桥大学课程评估机构设计并进行评估）以及申请者在面试中的表现情况。其中，面试的目的在于从申请者中分辨谁将最有可能在今后以专题讨论为主要的学习方式中收获最大。具体录取标准如下：

（1）书面成绩要求。中学高级水平考试应为 AAA；普通中等教育证书成绩应为 AA/AAB；国际文凭（国际学校的中学毕业会

[①] QAA. Economics. The Quality Assurance Agency for Higher Education. Mansfield，2007.

[②] B. A. in Economics and Management Programme Specification. University of Oxford，2008.

考成绩）（International Baccalaureate，IB）要求为 38~40 学分。此外，对于那些母语不是英语的申请者，英语能力也列为招生的标准之一，而英语语言水平的要求因国家而异。

（2）申请材料要求。管理学和经济学科的教授（负责检查申请者的材料）希望申请者能提供包括申请表以及反映个人兴趣、推理能力和交流能力方面的材料。

（3）申请者。作为申请者需要考虑自身的某些条件，如申请动机及进行持续紧张学习的能力、独立且具反思能力的学习方式、专业兴趣、发现和思考问题的潜能。

（4）推理能力和潜能。有逻辑地、批判性地解决问题的能力与潜质，在不相关中发现相关性的能力与潜质，敏锐的观察力，论证问题的能力，进行创造性和灵活思考的能力。

（5）数学推理能力。申请者须具备数学逻辑推理的潜能。

（6）沟通能力。愿意且能够清楚、有效地表述自己的观点；可以撰写专业论文或口头表达自己的观点，善于倾听，并具有慎重回答的能力。

学院在审核所有纸质材料后，决定参加面试的人选。如前所述，面试主要是考察学生的发展潜力，海外生源无须到牛津大学参加面试，但是要参加大学在各国（如美国、新加坡和中国）安排的面试，或者安排电话"面试"。

（二）经济与管理专业的教学目标

1. 高等教育质量保障署（QAA）对经济学（包括以经济学为主要学科课程的其他交叉学科）的学位专业目标有明确规定

（1）为学生提供经济学及其应用学科课程，使其获得不同学位证书，包括单科荣誉学位证书、联合培养学位证书。

（2）激励学生努力学习经济学，积极引导学生将所学经济学知识应用于实践，以解决应用领域的问题。

（3）使学生获得经济系统运作方面扎实的基础知识，以及在不同情境下能够有建设性地运用所学知识的相关技能。

（4）培养学生运用所学知识技能解决经济领域内理论和实践问题的能力。

（5）使学生掌握解决经济政策问题所需要的方法。

（6）通过学习经济学，发展学生的一般技能，能够有助于将来就业或创业。

（7）培养学生分析、概括现实问题的能力，使学生在研究不同经济问题时能够灵活概括问题的要旨。

（8）为学生提供知识与技能，确保这些知识技能有助于学生进一步学习经济学或是与经济学相关的领域和交叉学科。

（9）使学生能够从经济学视角出发，分析更广泛的社会、政治和环境问题。

2. 牛津大学经济学院经济与管理专业的教育目的

（1）使学生掌握基本的管理学、经济学知识，包括数学和统计技术，能够进行分析研究。

（2）在学生选择管理学和经济学文献的过程中，培养学生批判性的思维与技能。

（3）培养学生高级技能，使学生在以后工作和生活中可以应用这些技能，尤其是处理和理解学术文献的技能，掌握批判性评论的技能、读写技能并具备人际交往能力。

（4）鼓励学生成为独立、有反思能力的学习者，能够有效进行自我管理，具备研究技能。

（三）经济与管理专业的教育产出

1. QAA 规定经济学专业毕业生要达到的要求

基本要求如下：

（1）掌握经济学基本概念和原理。

（2）掌握经济学理论和构建经济模型的方法。

（3）了解各种数量方法和计算技能，并懂得在什么样的情境下可以应用这些方法。

（4）知道各类经济数据和论据的来源及内容，并懂得针对不同的数据分析需求，怎样选用合适的方法。

（5）知道如何对政策问题进行经济推理。

（6）掌握经济学中一些专业领域的部分知识。

（7）能够明白许多经济问题可能适用不同的方法，也可能有多种解决途径。

经济学专业毕业生需要达到的特殊要求如下：

（1）对经济学基本概念和原理，能够很好地运用和分析。

（2）对经济学理论和模型，能够很好地运用和分析。

（3）熟练运用各种量化方法和计算技能，并且有效运用它们来解决各种不同的问题。

（4）熟练运用各种来源的经济数据和论据，并找到合适的分析方法。

（5）了解政策问题，知道如何进行经济推理，在分析政策问题时还要有批判精神。

（6）掌握经济学中一些专业研究领域的内容，针对这些内容，阅读相关的研究文献。

（7）深谙许多经济问题可能适用不同的方法，也可能有多种解决方式。

QAA 规定经济学专业毕业生要拥有其他的学科专业技能，而且是可迁移和精密的技能。这些技能涉及提炼概括能力，分析、推导和归纳技能，定量的研究设计技能和建构理论框架的能力。鉴于许多经济学专业毕业生具有同质性，不具有学科研究的专有性，因此经济学专业应该提供一种可以鼓励学生发展可迁移技能和精密技能的学习环境。经济学专业课程需要培养毕业生的逻辑思维方式，要求当学生在更大领域背景下进行决策时，这种思维方式也是可迁移和可应用的。为了实现此目标，经济学专业应该包括三项技能要素，即学科专业技能、有助于做出正确决策的思维方式和一般的数理技能。

2. 学院规定的经济与管理学专业学生应具备的知识和技能、为此采取的教学/学习策略及相应的评价方法

（1）该专业学生应获得如表 4-2 所示的知识。

表 4-2　经济与管理学专业学生应具备的知识及相应的教学/学习策略

知识	教学/学习策略
当代经济学理论，经济系统的运行机制，分析经济政策所需的工具，相关量化研究方法	第一年学习基础性的课程和一些数学、统计学课程，这些课程都是微观和宏观经济学的基础，是以后学习的基础 教学的主要形式是讲座、专题报告和班级授课，同时鼓励独立阅读与学习，要求提交专题论文。讲座的主要目的是激励学生独立学习，并不是传授学生知识的主要渠道。定量化课程在班级授课的基础上也要辅以必要的讲座
管理理论与实践，管理思想的发展史及其与社会学的关系，管理与企业系统的国际比较	第一年学习管理学的基础性课程，教授一些管理学子学科的管理思想，以拓宽学生在以后学习中的选择范围 教学的主要形式是讲座、专题报告和班级授课，同时鼓励独立阅读与学习并提交专题论文。讲座的主要目的是激励学生独立学习，并不是教授学生知识的主要渠道。对于本专业的某些课程，除专题报告外，还须辅以必要的班级授课以及案例研究

知识	教学/学习策略

评价:

本专业注重形成性评价,包括每周提交专题论文以及课程作业,同时及时反馈(如评出分数或等级)和讨论,另外学生还须参加一些校内定期的非正式考试。形成性评价的优势在于灵活性,教师可以根据每个学生的不同需求灵活地开展教学,对于学习能力强的学生评估频率可以相对较低,对于学习能力较差的学生在鼓励的同时要纠正其错误,灵活掌握教学进度,以保障学生学习的有效性。而对于在校外学习的学生,导师会在每学期末为其写一份书面报告,并向学校及时反馈,或组织见面会检查学生学习情况,要求导师和其他大学相关人员参加

总结性评价较为正式,在第一学年和第三学年末进行,其目的不仅是知识的记忆,更重要的是检查学生对专业知识的理解程度。总结性评价考试的前提是讲课教师不组织正式的考试,而由考官负责组织。虽然一些课程可以试图预测考官要出的题目,但出题者和授课者还是分离的,保证了总结性评价的严格性

（2）该专业学生应具有如表 4-3 所示的技能及其他品质。

（四）经济与管理学专业的课程结构和特点

1. QAA 对经济学荣誉学位（单独的或联合学位）的一般要求

（1）掌握经济学学科的核心原理。要求能够理解这些原理的语言、图表或者数学的表述。这些原理可能涉及很多微观经济学问题,如经济决策、商品生产与交换、投入要素的价格与使用、市场的相互依存、雇主与雇员之间的关系、经济福利。同时,也包括很多宏观经济学问题,如就业、国家收入、收支平衡、收入分配、通货膨胀、经济增长与商业周期、货币与财政,要求学生能够从宏观经济学以及微观经济学层面分析经济政策。为此,学生需要掌握分析方法、各种理论模型,并且应该了解存在哪些方法论学科。

（2）掌握有关的量化研究方法与计算技能,包括一些数学方法和统计方法（如计量经济学）。学生还应有机会通过使用适当的统计或计量软件,处理经济、财政或社会方面的数据。

（3）对经济学数据的特性、根源以及使用,要从质与量两个角度进行理解和认识。

表4-3　经济与管理学专业学生应具备的技能及相应的教学/学习策略

序号	I：知识技能	教学/学习方法和策略	II：实践技能	教学/学习方法和策略	III：可迁移技能	教学/学习方法和策略
a	形成批判性评价以及进行复杂分析的能力	始终重视开设培养学生批判性评价能力的专业课程。为学生提供关于如何用批判性的视角进行分析论述的相关讲座，通过专题讲座的形式也可以培养学生的这项技能。积极对学生进行形成性评价，可以强化学生的推理以及进行有效论证的能力，运用数据进行有效论证的能力。专题报告是不应该只是一种小型讲座，而应该是导师培养学生技能的一个契机，包括培养学生批判性思考、分析、评论和阐述等技能，以及帮助学生了解未知领域的知识，纠正已习得的错误知识	能够理解复杂的专业陈述及其结构	教学方法可以采用讲座、班级授课的口头演讲以及其他形式的口头演讲	搜集、组织、利用信息的能力	培养学生搜集信息的能力，尤其是通过网络搜集信息的能力，这也是本专业培养目标的一个重要内容
b	能够进行有说服力的论证，有整理论据的，符合逻辑的，明了的分析过程	专题讨论时可以让学生陈述并论证自己的观点。同时可以小组形式对其他同学的反驳意见，学生可以通过牛津大学图书馆或其他在线资源获得充分的研究资料	能够及时地、有效地发现、积累并评估相关专业信息	学生在准备本专业的专题论文过程中，可以有效地收集、理解信息	利用信息，通过分析，最终解决问题的能力	这些技能是学生学位培养的核心部分，校外的学生也可以应用这项技能

续表

序号	I：知识技能	教学学习方法和策略	II：实践技能	教学学习方法和策略	III：可迁移技能	教学学习方法和策略
c	能够自信地处理专业文献	培养学生的专业自信是专业培养目标的重要内容。在学生专业学习（尤其是管理学专业）较早时期，要求学生处理专业期刊的相关文献，有助于锻炼这方面的相关技能。课程教学中也要给学生提供有挑战性的阅读书目，要求学生阅读	会写简练的、合适的总结，能够对复杂信息进行评述	写专题论文并给予分数评述，同时这些教学方法都可以培养学生的写作技能。开设专题讲座指导学生提高相关技能，并给学生三年的课程学习中提供参考书。在学生三年学习中，应该一直重视培养学生的此项技能	有强烈的自我管理意识，能够独立工作，同时也能够积极与他人合作	专题讨论和班级教学有助于培养学生这方面的技能。班级教学是经济与管理课程学习的一种教学形式，是专题讨论形式的重要补充
d	敢于挑战传统观点，解释分析前人对经济活动的认识	在专业学习过程中，学生以前认为正确的很多观点都可能被否定。通过学习经济学课程，学生应能够批判地认识与经济相关的一些"常识"，甚至彻底否定这些"常识"，通过学习管理学课程，可以使学生理解前人对商业活动的认识，并进行解释分析	能够在小组内陈述并论证自己的观点	专题讨论形式可以锻炼学生口头表达能力。在经济学专业第二、第三年的自学中，课堂教学也是一种重要的学习形式	有自己想法，通过写作、口头陈述等不同形式表达自己的想法，并与他人交流	在课程教学中，组织学生写论文，进行考试等口头陈述；开展关于论文写作的专题讲座，并配以辅导书
e			与同学讨论或辩论	专题讨论和课程教学过程中，采取小组讨论的形式	能够使用文献数据库，统计数据索引以及搜索引擎，并获取数据	为了培养这些技能，需要为学生提供专门的培训机会
f					学生本着自愿的原则，可以自学一些语言技能	大学语言中心会为学生提供所需要的资源
g					学生本着自愿的原则，可以通过自己的计算机技术，提高自学技术，并且可以自行决定学习进度	大学计算机服务中心可以为学生提供所需要的资源

续表

序号	Ⅰ：知识技能		Ⅱ：实践技能		Ⅲ：可迁移技能	
		教学/学习方法和策略		教学/学习方法和策略		教学/学习方法和策略
h					有效安排时间的技能	培养学生在有限的时间内完成一定任务，这是课程计划中的一项基本要求
评价		要培养学生以上技能，需要进行形成性评价并辅之以必要的专题讨论。审查学生提出的观点，并要求其论证自己的观点，将有助于培养学生以上技能		在专题讨论和课程教学过程中，可以评估学生的这些技能，也可以通过正式或非正式的考试进行评价		在专题讨论和班级教学过程中，可以评估学生以上这些技能，同时通过正式和非正式的考试形式进行评估 一般教学/学习方法和策略 通过讲座的形式，给学生介绍本专业的主要思想，同时激发学生的学习兴趣。讲座时可以使用视频和计算机手段进行展示。学院开设的各种讲座，包括聘请很多商学院和经济学院开设领域中的著名人物进行讲座，无论什么专业的学生都可以参加学校组织的所有讲座。学生有参与计算机和语言学习培训的机会 有一些课程需要采取班级教学形式，包括第一年的数学课，一些选修课，第二三年管理学的基础课，第二三年级的很多管理与经济学课程，需要采用班级教学形式。有些班级采用小组工作和演讲形式，在整个处理过程中，通常是由一个班级起领导作用，带领其他班级共同解决问题。一些班级也会采用视频，测验其他领域共同解决问题 专题讨论的形式多样，包括参与人数，持续时间都会有所不同。最典型的是由2~4个人组成，进行1个小时的专题讨论活动，导师需要提交的作业并即时评分。随后即数评分 在一些情况下，专题讨论可以进行教学，这种教学形式是主要由学生进行讨论。导师需求等采取采取是灵活性，导师的专题讨论会根据学生需要展示自己的论点。在一些情况下，专题讨论式的交流互动，并给予学生激励，专题讨论要有足够的反馈，并给予学生激励。专题讨论学习主要目的在于激励学生独立学习

（4）学生还应具备针对不同数据合理选择可用方法的知识与能力，就如同经济学家会针对不同数据选择不同方法来建构并分析数据。

（5）学生应该具备将经济学核心理论与原则应用到不同问题上的能力，还应该意识到经济学的基本原理有助于设计、指导并解释商业政策、经济政策、社会政策和环境政策。与此同时，学生应该具备分析政府政策、评价本国以及其他经济体系绩效的能力。

2. 学院对此专业课程结构的安排及相关规定

对于经济与管理学专业的课程结构安排和相关规定如表 4-4 所示。

表 4-4　经济与管理学专业的课程结构安排及相关规定

第一年课程	第二、第三年课程
经济学专业基础性课程 这类课程主要是对经济学专业的介绍，教授学生一些经济学概念以及经济分析的工具（这些内容在此后的课程中会有进一步的学习），包括微观经济学和宏观经济学与经济学相关的数学技术（主要是简单的代数和微积分）。微观经济学包括市场经济职能和家庭决策、企业行为以及竞争垄断下市场的职能。宏观经济学包括决定国民收入、就业因素、货币机构和货币供给、通货膨胀、国际收支和汇率的平衡、与英国经济体制有关的宏观经济政策问题 教学形式可以采用讲座、班级授课和专题讨论等形式	必须提交三篇经济学方面的论文 宏观经济学 微观经济学 计量经济学 这三门课程需要进行考试，在毕业考试中等同于两篇核心论文。在经济学课程列表中有对这些课程的具体描述
管理学专业基础性课程 介绍管理学的主要职能领域，即市场、战略、组织行为和人力资源、技术和运营管理、会计、财政以及信息管理，同时介绍商业组织机构和管理思想史。该课程还应与一些经济理论相互衔接，包括市场的作用、代理人理论、交易成本和信息不对称 管理学专业基础性课程中的很多内容都是管理学和经济学的衔接点，尤其是与财政、战略有关的内容，以及与市场和交易成本相关的商业历史内容	必须提交三篇管理学方面的论文 其中有两篇论文是战略管理，金融、会计、技术与运营管理，市场或组织行为学等方面的

续表

第一年课程	第二、第三年课程
数学和统计学 数学：多元微积分（一个或多个变量函数的积分和微分），有约束和无约束最优化问题，线性代数（基本的向量和矩阵运算），经济学应用问题（包括效应和收益最大化），管理学应用问题（包括计划、安排和生产） 统计学：描述性统计分析（数据描述，分布情况），统计推理（基本概率理论和概论分布，样本估计和假设检验），相关分析和回归（相关系数、相关关系和因果关系、最小二乘回归、简单回归的统计估计），以上方法是在经济学或管理学中的运用，在管理学中也进一步应用统计学	附加可选择性的四篇论文（管理学或经济学均可）
评价： 第一学年学习的形成性评价形式包括专题讨论、班级活动和实践测试。总结性评价须在年末进行 3 小时的笔试	评价： 对学习的年度形成性评价形式包括专题讨论、班级活动和实践测试。总结性评价须在年末进行 3 小时的笔试。鼓励不同论文间概念的相互参考，这有助于综合管理学与经济学的知识

（五）考试规定和评分标准

1. 考试规定

在第一年学习结束时，学生要分别参加经济学、管理学、数学和统计学课程每科 3 小时论文考试，每科论文权重相同，及格分数线相同（平均为 40 分）。未通过的考生，可在同年 9 月重考一次。只有三门都通过，才能继续接受第二年的学习。

第三年学习结束时，学生要参加毕业考试。考试除了核心经济学论文外，还要求学生分别选择六篇论文参加考试，每篇论文权重相同。另外，毕业考试还要包括三门核心经济学课程，即计量经济学、微观经济学、宏观经济学。

2. 组织考试和评分原则

学校每年都会从院系中选择一组考官负责考试。考官们分为两个小组，一组负责第一学年末学生的考试，另一组负责毕业考试。负责毕业考试的考官需要专业学科的评估人员（也是院系成员）给予协助。考官和评估人员以背对背的方式分别评分，若双方在分数上存有分歧，在考试惯例中对相关的协调程序作了详细规定。

3. 评分标准（毕业考试）

毕业考试的评分标准如表4-5所示。

表4-5　毕业考试评分标准

等级与分数（分）	评分标准
第一等级：100~70	很好地掌握了与提出问题相关的知识，文章充分地展示了考生的分析、论证能力；能够清楚、有效地陈述自己的见解。达到上述要求，分数应为80分或以上；达到上述要求，并且文章有自己的见解，分数应为90分或以上
第二等级上：69~60	文章能够展示考生的分析、论证能力，但是没有全面彻底地把握好论据。或者论文分析得很透彻，但是分析技能略差或者陈述不够明确
第二等级下：59~50	文章没有大的错误，但是没有回答完问题，或者回答不准确，或者文章没有体现出考生的分析、论证能力
第三等级：49~40	文章陈述混乱，但是能够看出考生具备了相关知识和一定的分析技能
及格线：39~30	文章质量差，只能看出考生学习过本专业课程
不及格：28	文章质量很差，如果考生的其他论文情况好点的话，还不至于不让其获得学位
不能获得学位证书：0	文章质量极差，不能获得学位证书，也不用考虑其他论文的质量。除非考官发现其他特殊情况，可以考虑减轻处罚

其他教育机构（不具有荣誉学士学位授予权力的教育机构）的考生计分方法相同，但是它的及格分数线平均为40分（共5篇论文）（见表4-6）。

此外，学生等级将根据学生的平均分划分，并依据最低平均分（CMAS）划定每一级别。另外，候选人还必须满足其他要求：一是必须达到规定的分数线要求（如表4-6所示）；二是至少有两篇论文的分数达到了表4-6中Ⅰ/Ⅱ.1级规定的分数线要求，有三篇论文达到上面陈述的分数要求（即第一等级是70分，第二

表 4-6　按平均分划分学生等级

等级	最低平均分
Ⅰ	67.5
Ⅱ.1	58
Ⅱ.2	49
Ⅲ	40
及格线（普通学士学位）	30
及格线（其他教育机构为 5 篇论文）	40

等级上是 60 分，第二等级下是 50 分，第三等级是 40 分）。

4．优秀生规定

"最高荣誉应该授予极为优秀的学生，他们在几门课程中都表现优异，在整个考试中都展现出丰富的学识。"据此提出了以下标准：有三篇论文达到 80 分或以上，不能有一篇论文的分数是 49 分及以下。换言之，优秀意味着须取得第一等级的成绩。

（六）学院向学生提供的学习支持

1．课程组织和学习支持

经济和管理学学科基准手册对课程组织要求做了具体说明，也详细列举了课程大纲，这些资料可以通过网络获得。阅读书目在电子版信息中有对应的超链接，可直接获得所需资料。

导师通过非正式的、易于接受的方式与学生交流，来指导学生了解教学大纲和课程选择等问题，其他任务还包括为学生安排专题讨论学习、监督、测验以及给予学生有关学习进度的反馈信息。导师的基本任务在于鼓励学生在课程学习中开发自己的潜能。为此，导师需要按照教学大纲监督学生的学习进度，帮助他们进行课程选择并安排教学。

2. 图书馆

用户可以通过图书馆获得校内乃至世界范围内的大多数（信息）资源；图书馆还指导用户使用计算机、邮件、网络、搜索引擎、电话/邮件列表、地图、新闻及本地信息等，并提供相应链接，此外还提供演讲需要的准备材料。一般有以下六类图书馆供人们使用，学生若有需要，也可以使用其他学院（如纳罗德学院、菲尔德学院、尼桑（Nissan）研究所以及伊丽莎白学院）的图书馆。下面将对牛津大学部分图书馆进行简要介绍。

一是赛恩斯伯里（Sainsbury）图书馆。这个就是牛津大学最先进的图书馆，电子资源丰富，共有两层：第一层提供图书（一些书籍和绝版书的副本）、期刊的外借服务，并为学生配备了学习用的书桌及电脑；第二层是阅览室，为学生提供丰富的书刊和安静的学习环境。

二是赛德商学院（牛津大学商学院）图书馆。在这个图书馆中，学生可以通过赛德商学院内网进入虚拟图书馆，以便获取更多的在线资源，包括一系列的在线数据库，也可以使用电子期刊和专门的商业数据库，如彭博（Bloomberg）数据库和全球最大且最具盛名的历史金融资料数据库（Datastream）等。

三是经济学图书馆。该馆位于经济学楼内，它拥有大量的期刊和统计数据资源，允许学生借阅，很多期刊既可以在线阅读也允许下载。

四是博德利图书馆（The Bodeliean Library）。该馆是一个版权存储图书馆，几乎拥有英国所有出版物的参考使用权，其所谓的PPE阅览室（也有一些管理学资料）存有丰富的经济类及其他社会科学方面的资料。

　　五是社会研究图书馆。该馆主要作为社会研究的一般性图书馆为学生提供服务，馆内很多书籍可以启发学生对经济与管理的学习兴趣。

　　六是学院图书馆。所有本科学院都拥有本院提供借阅服务的图书馆，而且是 24 小时提供借阅服务。

　　3. 生活上的照顾

　　学校会给予学生在生活、福利和经济等方面的支持和指导。学院为学生提供个性化的心理导师，其任务就是在生活、福利和经济等方面为学生提供意见与指导，尤其是在学生遇到学习问题或其他困难时给予帮助。导师还须与学院层面的学院负责人、高级导师、毕业生导师、JCR 福利机构、专业教师、护士和医生等相关工作人员或辅助服务机构进行沟通，也可为学生提供就业指导。大学和学院都有相关政策和明确的投诉程序，以帮助遇到某些困扰（如机会平等、骚扰等）的学生。另外，学校还在入学的咨询服务机构当中建立了由学生组织的求助中心。学院也会给予新生相应的指导，学院手册中也有关于生活、福利和经济等方面的指导性内容。在督导办公室发给学生的指导信息中，也包含了有关考试、专业、生活、健康、困扰以及身体残疾等事宜的进一步建议。

　　4. 信息技术

　　经济学院、商学院和学校相关服务人员可以在以下各方面为学生提供保障。

　　（1）获得课程的相关资料，包括课表、阅读书目、讲座通知、考试准备、研讨会、项目以及其他专业课程信息。

　　（2）使用虚拟图书馆，为学生提供不同的数据库、期刊、目录、商业信息和一般参考资料。

（3）指导计算机使用、邮件、网络、搜索引擎、电话/邮件列表、地图、新闻及本地信息等，并提供相应链接。

（4）可以获得学术演讲所需的准备材料。

赛恩斯伯里图书馆有计算机服务台，可以为学生提供计算机培训和必要的软件。

牛津大学计算机中心会提供50课时的计算机课程，包括计算机使用的介绍性课程和专业课程、常用系统和软件包，所有学生均可参加这些课程。计算机中心也聘用了很多电脑专家教授担任任课教师，中心通常会在每学期安排三次电脑方面专业性很强的计算机知识讲座，每位学员都可以独立使用一台计算机，多数课程会有实践安排。

5. 语言学习资源

大学语言中心为有需要的学生提供语言进修的资源与服务。该中心提供九种语言的学习服务和丰富的图书馆资源（拥有100多种语言的相关书籍，超过15000个配套的视频、音频资料），经济与管理专业的学生也可以使用该中心提供的学习场所（电子资源和视频学习室）。

6. 职业技能

大学职业服务中心为学生提供就业知识与技能方面的服务，该机构服务范围较为广泛，学生可以在线获得该中心提供的资源。

（七）学院对教学质量和学术标准的评估依据、方法和改进过程

牛津大学对教学质量和学术标准的评估依据、方法和改进过程如表4-7所示。

表 4-7　学院对教学质量和学术标准的评估依据、方法和改进过程

评估依据	方法和改进过程
外部意见与反馈	A. 外部监考员的建议 大学委派外部监考员组成专家组，由他们组织考试。校内考官通常安排未直接参与过课程教学的人员担任，外部监考员则从其他大学中指定。考试结束后，考官须写一份关于考试流程和学生成绩的报告。外部监考员负责出题、监督评分及相关决策，并提交书面报告。经济与管理常务委员对内部考官与外部监考员提交的书面报告进行详细讨论后，将其提交分委员会，再交给大学教育委员会
	B. 赛德商学院（Saïd Business School）商务咨询论坛的建议 赛德商学院通过听取资深的财政专家和企业家提出的意见和建议，为课程规划的设计与执行提供帮助
成绩数据	A. 考试成绩 相关委员会（尤其是经济与管理常务委员会）会考虑学生第一学年末的考试成绩和毕业考试成绩（第三学年末的毕业考试）
	B. 就业/工作数据 相关委员会（尤其是经济与管理常务委员会）会考虑工作目标和工资的相关数据
学生的建议与反馈	A. 学生反馈问卷 赛德商学院采取问卷形式收集学生反馈信息。在学院内通过网络使参与课程学习的学生填写反馈问卷，问卷内容是关于所有演讲课程和期末专题讨论的有关问题
	B. 即将毕业学生的反馈信息 收集即将毕业学生对学位课程以及大学经历的意见。经济与管理常务委员会认真分析全国大学生满意度调查结果，分析结果对改进课程设计和教学策略富有参考价值
	C. 学生代表的意见 选出的学生代表在经济与管理常务委员会、大学生联合咨询委员会中任职，他们的意见对课程设计具有参考价值
	D. 图书馆年度调查 赛德商学院每年会对图书馆设施进行调查研究，选出的学生代表也会在商学院图书馆委员会任职
其他方法	直接观察和随时反馈 对新任讲师授课进行观察，这也是试用机制的一部分，直接、及时地给予新任讲师反馈信息。赛德商学院的新任导师必须接受培训 导师制意味着一般是几位（但有时也可能多位）教师在教授同样的课。学生对导师的教学效果反馈通常以非正式的方式进行。高年级学生之间的交流常常在于讨论教师和学生之间的课堂互动，如学习他人是如何展现资料的，导师可以通过这种方式获得学生的意见，从而改进教学方法 每个学院有自己的一套导师质量监测方法，其中典型的方法主要有内部问卷调查、高级导师评审和院校领导检查 另外，每六年一次的学科检查由各学部委员会和大学教育委员会轮流主持，形成一个三层制的内部问责 商务咨询论坛的其他利益相关者也会讨论专业内容的变化，若涉及重要变化，会进行更广泛的讨论

第二节　本科教学质量保障工作的方法和程序

除了外部监考员制度以外，牛津大学保障教学质量的方法主要有以下三点：学校层面组织的每六年一次的全面工作检查（常和 QAA 的院校审计结合起来）；定期的专业评估（在六年内完成该校所有专业的评估）；系/所层面的年度课程模块评估和日常的课堂教学质量监控。下面将分别对上述本科教学质量保障方法进行具体介绍。

一、外部监考员制度

作为英国大学非常具有特色的同行评价制度，外部监考员制度已经有较长的历史。毫不例外，牛津大学在进行学位考试时，也会聘请外校同领域资深教师或专家学者担任学校考试委员会成员，参与学位考试的出题、监考和阅卷等工作，检查课程和学位标准是否符合全国统一标准，帮助大学就学位授予的学术标准开展同类院校间的比较，确保学生评价程序和结果的客观与公平。为使校外监考员很好地履行职责，在同一任期内最多只能参与两门学科的教学评价，并且必须全程参与学位授予过程和出席考试委员会的集体会议。外部监考员每年针对学校的课程设置、学生学习成绩的考察结果、学位授予标准、学位或证书授予的内容、学位颁发和审查程序、对教学评价程序的改革意见等问题撰写一份书面报告提交给教育委员会。由相关院系直接管理本科生的管理办公室对其中提到的问题进行反思并提出改进建议，如有必要，外部监考员也可直接给相关院系建议并要求进行书面反馈。学校十分重视校外监考员的报告，报告也是学校开展课程设置、调整学位授予标准和程序的重要依据。同时，也可作为学校向外部质量保障机构提交的教学质量证明材料之一。QAA 在院校审计中就十分强调学校外部监考员制度以及学校对监考员每年提交的报告的重视和执行程度。QAA 实践准则在条例 1 中就明确要求，院校应该请外部监考员对学术标准、评估程序和学生成就等作出专业的判断。

学校对外部监考员的选聘有着严格的要求，通常会从外校或相关职业领域聘请，若是本校的任职教师，必须离职三年以上才有资格受聘担任本校的外部监考员，并且不可担任其曾经学生的监考员。外部监考员的聘期通常为三年，以学年为单个任期，连任者须在上一学年的履责中恪尽职守，但连任不得超过三年。此举目的在于，通过校外监考员的更替，保持教学评价过程中学术观点和相关认知的多样化，避免相关工作的故步自封。外部同行参与学校的质量保障工作过程，有利于保证考核的诚实性、促进教学评价的客观和公平、保持授予学位的学术标准的一致性、保证大学内部教学评价视角多元化、增进大学间的学术交流，故成就了外部监考员制度作为外部同行对高校学术标准与质量进行检查的主要方式。当然，校外监考员制度也难免存有一些不足之处，如校外监考员评价往往倾向于关注学生的专业知识与能力，难以考查学生的全面素质等。

二、全面检查

院校每隔六年要对院系和教师的工作进行一次全面检查，检查的目的具有双重性：一方面，这种定期的检查是大学质量保障制度的组成部分，为院校接受外部的院校审计做准备，因为 QAA 院校审计的关键问题在于监督大学如何实现自己的目标，尤其是学校的内部质量保障机制的运行及教学质量如何在质量保障过程中得到提高；另一方面，这种全面的检查是对各院系学术和财务活动进行监督的重要手段，以便检验院系相关工作是否符合学校总体战略目标。学校全面检查是对院系所有活动进行的系统检查，以支持院系进一步的发展和改进。同时，在检查过程中发现质量保障工作的优秀成果，并可将之纳入大学的质量提升策略。

全面检查由相关学部和教育委员会合作执行，由检查委员会成员提出意见，并在全体成员支持下作出后续计划安排。检查委员会的成员通常由以下人员构成：学术部部长（主席）、负责教育的副校长和/或教育委员会其他成员、学部委员会代表（来自检查部门以外学部）、不少于 2 位校外评审人（可能包括 QAA 检查人员或专业法定团体的代表）以及检查部门代表。

（一）全面检查的内容

学校全面检查主要涉及以下几方面内容：

（1）参考国际的卓越标准，检查各部门的学术活动质量（自上次检查以来教师/各部门的学术活动）。根据学校学术战略和整体规划，教师、系/所和学部层面的学术规划书。在这方面的关注点如下：

1）教师、系/所的学术研究质量，包括参与跨系/所、跨学部以及跨学科的研究活动的质量、研究概况和战略，应对未来的挑战和机遇。

2）本科生和研究生课程及其知识传递的方式和相关问题，包括招生、课程设置和结构、教学、学习和评估、教学与科研的关系、学术与校友支持之间的关系、学习资源（包括教职工资源）提供与利用、为研究生学习提供具体筹划（包括学位获得、科研训练和提供非全日制研究生进修学习）、校际关系、质量保证机制。

3）院系的组织和管理结构，教师与系/所以及学部之间的关系，诸如战略规划（包括学部五年计划和大学整体规划之间的关系）、学术和非学术职员的计划与招聘、学生招生计划、学术人员的聘用条件（包括职业发展和机会平等问题，住宿和将来需要的住处）及筹款等方面的问题。

4）教师与系/所部门之间的关系（结构和运行）。

（2）考虑院系当前和长期的财务状况与资金安排及其财务战略。

（二）全面检查的程序

学校全面检查的一般过程主要包括四个阶段，即信息收集阶段、会议阶段、检查报告的撰写阶段和监督实施阶段，具体如下：

1. 第一阶段：信息收集阶段

（1）院系提供给检查委员会的主要信息是院系的自评报告（SED）。

（2）确定检查委员会主席和成员的开会时间，并提出全面检查的书面申请。

（3）检查委员会主席可能会召开会议，口头征求检查委员们的意见，这种会议的召开成为检查委员会计划工作的一部分。

（4）检查委员会主席会在检查会议召开之前与有关单位负责人会晤，目的在于从部门角度来理解此部门的关注点以及关键问题。

（5）检查不少于一个星期，管理者应与检查主席澄清档案中的盲点，讨论和调整时间表和会议安排，澄清任何信息不一致的地方。

2. 第二阶段：会议阶段

（1）检查委员会举行初步会议，讨论和商定检查的实施方式。讨论的问题包括检查的质疑点和哪些是在不同时段需要的附加信息或用于做结论的证据。初步会议为外部成员参与检查提供了机会，并对外部成员的角色进行了定位，会议中将对检查的各个环节作出时间安排。

（2）最后一次检查委员会会议应明确作出结论，该结论将有助于最终报告的形成。这一阶段条理清楚的工作布置将有利于成员之间的后续沟通，但此阶段的商议内容不可能十分明确。若有明确的建议可以提出来，尽量将这些问题放到最后的会议上去讨论。

3. 第三阶段：检查报告的撰写阶段

（1）在此阶段，将对检查报告草案如何撰写达成一致。为最大限度发挥检查的效用，应尽力保证在合适的时间发布最终报告，报告草案通常在检查结束后 20 个工作日完成，最终报告应在检查结束后 60 个工作日完成，草案经检查委员会主席同意后方可提交给院系成员，并征求他们对此问题的意见，院系须以草案规定的形式提出意见。

（2）一旦检查委员会对检查报告的总体框架达成一致意见，将进入以下环节：检查报告提交学部委员会和教育委员会以征求意见。各学部在收到检查报告后 2 个月内，尽快邀请学院和系/所来研究思考检查委员会的报告，并提供合理的建议，这些建议将汇入各系所协商一致的改进行动计划（包括实施的时间表）。学部委员会将尽快考虑学院和系/所的建议，并对报告作出评论。教育委员会代表大学接受检查报告，并进一步考虑各学部、学院和系/所的意见。学部委员会将考虑教育委员会进一步的意见，并希望获取进一步的信息资料，以便监督后续行动。

4. 第四阶段：监督实施阶段

学部委员会将在检查结束后 3 年内（即中期）核查改进行动计划的执行进度，并邀请教育委员会发表评论[①]。

三、学科专业评估

20 世纪 70 年代以来，牛津大学在原来单一专业的基础上，设立了相关的联合专业。尽管单一专业仍然是课程体系的主流，但联合专业的课程量已占牛津大学课程总量的二成以上。其形式包括两学科联合专业与三学科联合专业两种，学生可以选择多学科同时学习，并进行相应的学位考试，授予相应的联合学位。这一做法有利于促进学科的交叉融合，培养学生的复合和创新能力。例如，牛津大学经济学院为了促进文理学科的交叉与渗透、扩大学生的知识面、满足学生不同兴趣的需要，设立了哲学、政治学与经济学（PPE），经济与管理（E&M），历史与经济学（H&M），工程、经济与管理（EEM），材料、经济与管理（MEM）5 个联合课程（联合学位）的专业。每个专业的课程主要由预修课程

---

① Oxford University. Protocol for the Joint Divisional Education Committee，2008.

（Prelims Courses）、核心课程（Core Finals Courses）和选修课程（Optional Finals Courses）三部分组成。

为保证和提高专业办学水平和教学质量，牛津大学计划在6年内对所有的学科专业进行一轮检查。学科专业评估的内容一般涉及专业目标、教学计划、师资、教学资源、教与学、学术与科研、服务、学生与学习产出、专业的强项和弱项的分析、专业改进建议等内容。专业评估的程序与上文所述全面检查类似，评估的标准主要依据 QAA 制定的《专业细则》和学校内部制定的标准。

四、课程模块评估

学校各系/所每年必须检查所有的课程模块，写出每个课程模块的检查报告，以反思过去一年的教学情况，针对环境变化及存在的问题进行及时调整。在课程模块运作过程中，课程模块负责人对改善教学质量及学生学习情况进行跟踪记录。记录内容主要包括以下几个方面[①]：

（1）学生成绩。如学生考试成绩的差异，学生作业是否达到教学要求，校外监考员的评价等。

（2）满足发展的需求。如教学管理方法的进步、教学方法的创新、学生学习条件的改善以及最新的研究成果等。

（3）教学方法。如多媒体的使用效果、学生参与的积极性、其他教师的评价以及学生调查问卷情况分析等。

（4）师生关系。如师生之间是否平等与融洽、教师是否给予

---

① 李良军. 英国高等教育质量评估与监控制度研究［J］. 重庆大学学报（社会科学版），2004（1）：146–148.

学生足够的关心等。

（5）课程结构和内容。如教学内容的逻辑性与连贯性、教学内容的更新情况，以及学生是否有足够的时间思考、巩固和复习等。

（6）教学计划。如是否清楚每堂课的教学目的等。

年度课程模块的评价主要由课程模块组长负责组织和实施，主要以座谈会的形式进行。课程模块检查一般包括如下内容：教师对课程模块和授课情况的评价（包括教学方法的创新），学生的学习情况和反馈情况，对评估过程和结果的综合评价，校外监考员的评价等。课程模块组长将召集所有与该课程有关的教员以及部分学生针对该课程各方面的反馈信息进行讨论，这些反馈信息主要来自学生反馈或问卷调查结果、考试结果、外部监考员报告、外部专业团体的专业认证报告、雇主和其他利益相关者的反馈意见。上述材料结合上年度课程评估报告以及课程手册与QAA学科基准中相关方面进行对照，以明确其进展与不足。课程模块组长将在会后向各系/所领导提交一份评估报告（进展、不足和改进行动计划），系/所领导对所有课程模块的评估报告进行汇总并提交学院委员会讨论，随后公布评估结果。学院将根据学院历年课程评估报告编写一份综合报告，明确学院内当前需要解决的主要问题、亟待改进的地方以及优秀课程实践案例等。综合报告提交学部委员会研究后，正式提交教育委员会并存档。

五、课堂教学质量监控

系/所日常的监控主要着眼于课程能否有效实现既定目标，学生的学习产出是否有效地达到预定标准，整个教学质量的日常监控关键在于课堂。在开学之初的预备课中，教师会向学生发放课程手册（某一专业）和教学大纲。其中，课程手册对开设的课程、任课教师、每门课的考核方式等都有明确、详细的说明；教学大纲作为上课的主要依据，一般由三部分组成：预备部分（说明课程的性质、教学方法、可以参加的各种相关的讲座、要求阅读的材料和补充的知识、老师的联系方式和相关教学资料信息的网址）、课程涉及的核心内容和主要参考书目、课程提纲（包括每次上课的内容、需要阅读的材料和课后作业）。在预备课上，教师与学生相互交流，大家相互了解学习背景和兴趣，了解课程具体的组织形式，教与学的经验等，为正式上课做好准备。

在课堂教学中，教师除了讲授，也会采取其他诸如小组讨论等教学方式。一堂课典型的基本流程如下：先是教师在课堂上讲解与课程内容相关的学术研究和自己的观点。之后，学生分小组就具体的学习内容进行详细讨论，小组讨论结束后，教师会听取各小组学生的观点，并进一步解释、评论和总结，在下课前会布置作业和下堂课的讨论问题。

期末课程结束时，教师按照学院要求的考核方式和标准，对学生的平时作业、课堂表现、论文水平、参加课外活动等情况进行综合考评。导师也会将其所指导学生的各方面情况进行总结，向学院汇报。

系/所除了在每个学期的中期组织学院和学校质量检查组的成员或外部同行共同到课堂进行听课检查外，在学期末还要进行学生问卷调查，问卷多以群发邮件的形式发放。问卷调查的封闭式问题主要涉及对讲座（教师讲课思路的清楚和易理解的程度、发放资料的针对性和有用性、演讲内容的趣味性和启发性）和课堂（课程的组织和相关性、上课材料的针对性和有用性、上课内容的趣味性和启发性）的满意度，一般从"差"到"很好"分为五个等级。问卷中将涉及一个开放式问题，分别就课程对学生学习目标的实现程度、讲座或课程与辅助课程之间的关系、图书馆和其他的辅助学习条件等内容作出评价，并提出自己的建议。学术政策支持部门也会在学期末对学生进行学习经历方面的问卷调查，主要是了解学生对课程和院系的总体满意度，问卷主要涉及教学的经历、课程的目标、学生评估、学习工作量、学术社团和动机、学习资源、非学术活动的安排等方面的内容。

第三节　教师评价制度的建立与完善

牛津大学作为世界一流大学，一方面能在世界范围内招聘到一流的教师，另一方面其自身也有实力培养一流的师资。这或许是该校在科研和教学质量领域保持世界领先水平的重要原因。具体而言，牛津大学人力资源战略的目标可以概括为如下几点：招聘高水平的教职人员，有效管理和发展教职人员，奖励和留住高水平的教职人员，采用弹性奖励机制，进行有效的监督与评价。学校在制定总的人力资源战略时十分关注外部相关机构的要求，如参考英格兰高等教育基金委员会（HEFCE）强调的几个方面：招聘、职员的发展与培训、机会均等，教职人员的生活安置，年度工作情况检查，教学工作的推进（包括具体的认可框架），以全校工作评价（根据全国统一的薪水框架）为基础实行的弹性奖励制度以及对欠佳表现的跟踪检查。

牛津大学在为教职员提供优越和良好的学术环境的同时，通过评估来促进教职员工不断发展，以此来提升教学和科研水平，从而达到提高教育质量的目的。在实际工作中，全校性的评价总框架由校人事部负责，各学部可以根据各自的情况，在此总框架下制定适合自己的评价标准，学校的学习研究所将为各院系提供这方面的建议和支持。此外，学校也会根据需要不断地调整教职员工的评价方案，该校自 1989 年首次推出教职员工评价方案以来，又做了数次修订（1996 年发布了改进版，1999 再次推出修订版）。评价方案一方面让每个人都有机会反思他们在做什么、想要做什么，另一方面也为他们评价大学为改善教师工作所做的实际工作和提出相关建议提供了机会。学校强调评价方案不与任何形式的惩罚、人事安排、晋升或分级挂钩，尽管英国教师评价制度近年来趋于绩效与薪酬相联系（实行绩效工资），即 PRP，但牛津大学并未这样做，学校认为对教师的评价重在评价和改进的过程，重在教学水平的提高和教师的专业发展，而不在于结果。换言之，该校更为关注的是形成性评价，是要发现问题而不是下意识地暂时隐藏，是鼓励教职员工得到更好的专业发展，这或许是有利于教学质量持续改进和提高的。

一、学校层面的教师评价

学校每年都安排一次教师评价，每五年进行一次教师评价讨论会。教师评价过程体现建设性与预期性，为鼓励教职员工探讨他们的职责提供良好的氛围，通过评价了解每位职员需要怎样的培训和发展，并制定下一年度的工作目标。

（一）　教师评价原则

教师评价的主要原则包括互信性、持续性、双向性和建设性。对此，特别强调两点评价纪律：一是保密性，学校向来强调只有教师本人和部门的主管或教职员工委员会的主席才能保存完整的教学文件选辑，要求主管和主席保证这些教学文件选辑的安全及机密性，其他相关人员也均须遵守保密性原则，完整教学文件选辑的副本只提供给教师本人和参加评审的评审人员，与评价方案相关的教学文件选辑均应保密五年（若聘用部门需要，保密期也可更长）。二是学术自由，教师和评价者都应恪守，评价不应妨碍教职员工个人的学术自由。

（二）　教师评价方案

教育委员会、各学部委员会、院系委员会及其他聘用部门负责为其所管理的每位教职员工指定一个评价者。评价人员有权根据教学文件选辑的实际情况，选择一个合适的评审方案。教学文件选辑作为学校教师对教学工作的自我评估，是学校和院系评价教师教学工作的主要依据，常用于对教师教学工作的考核、年度评审、续聘、晋升、终身职位评审及荣誉称号评审等，这对教师而言非常重要。它通常包括三部分内容：第一部分为教学思想、理论、目标和方法；第二部分为教学任务，主要是课程内容（内容的组织和难度，覆盖的领域，范例的应用等）、课堂教学（教学的情感，解说的清晰程度，沟通的技巧，处理疑问的能力及教与学方法改进等）、课程管理（考核学生成绩的方法，例如考试、测验、作业等）和在有关教学工作的部门或委员会中担任的职务和工作；第三部分为教学评估，对此，主要由教师本人从各方面收集、整理和提供相关的佐证，以证明其教学的效果。这些信息的来源通常涉及学生、同行教师、校友、家长和雇主的各种反馈，也包括教师所获得的教学奖项等，如果教师认为这些反馈信息有失真或有失公允之处，可以在此加以说明。对此，牛津大学的学习研究所会组织编制教学文件选辑的辅导班，但教学文件选辑并无统一的模式，教师可以按照学校和院系的基本要求，展现自己的个性与特长。

对于评价方案的选择工作，其每个细节均须做记录，以备出示给存有疑问的工作人员。人力资源委员会、相关的学术机构和大学教师协会的牛津分会也会对评价方案做定期检查，所做评论都会反馈到大学办公室。在评价过程中，评价人员通常以学校和院系制定的教学工作行为准则为依据，从教师对课程领域内的最新知识和特定的教学方法的掌握程度、本学科领域的知识面、教学经验、对课程的热情度、对学生学习兴趣的激励程度以及对学生批判性思维方式的培养等方面进行考核。

（三）教师评价的程序

通常，教师评价工作先从评价教学文件选辑开始，主要是让评价人员和教师共同回顾上次评价以来或从教师入校工作以来评价方面的相关工作，而后着手考虑教师将来的工作目标及其实现方法，在评价中双方应该准备好清楚的问题议程以供讨论。此外，教师和评价人员还需填写每年的教师评价表，双方对评价材料做一个互换。如此，教师就能读到评价人员的相关评价，评价人员同样可以了解到教师的反馈。

（四）五年一次的教师评估讨论会

学校要求五年进行一次教师评估讨论会，评价者和教师共同参会，面对面的讨论方式对有效地提出和解决问题是十分有利的。对于新聘用的教师，第一次讨论会将在聘用后的第三年举行，其后每五年举行一次，直到退休或得到重新任命。对于那些聘用情况与正常五年任期不一致的退休教职员，讨论会的时间将由院系委员会、各学部委员会及其他聘用部门来决定。讨论会的基本程序如下：

（1）教师联系各委员会或聘用部门指定的评价者预约讨论会的时间。

（2）在双方讨论之前，教师应回顾自己过去五年的工作目标及在其实现过程中所取得的成就与困难，并表述自己下个五年的工作目标、可能需要的支持以及可能需要的职业发展或培训。此外，教师若能附加一份简短的五年内参加的主要学术活动表，将更有助于评价人员开展工作。教师还可以提出学校、学部和院系在促进自身工作方面能做些什么。当然，教师的建议和请求应该实际可行，比如建议学部委员会检查一个教学案例，或者是聘用部门考虑提供更多的秘书工作支持等，但若是要求解除未来五年的教学任务，那就难免不切实际了。教师把上述内容完整填写于教师评价表并签名，自己备份一份，另一份在讨论会前提交给评价人员。

（3）评价者在评价表上填写自己对指定教师的评价意见，提出院系和学部应该注意的问题，在评价表上签名并返给教师本人。

（4）教师复印一份填写完整的表格并报送系主任或院系委员会的主席，聘用部门或院系委员会主席应记录任何在评价过程中发现的问题，而后就地讨论或者将此交由学部委员会或有关领导做进一步讨论。

二、学院层面的教师评价

关于学院层面的教师评价，通常由学校根据 QAA 的要求对院系提出相应的要求，再由院系根据学校的要求制定相关制度和监督标准，系/所负责具体实施并向学校提交反馈报告。QAA 实践准则在条例 7 中指出：院系是否通过有效的教职员工发展、同行评教、访问教职人员、有效的小组教学和对新教职员工的职教育及监督来保障和提高教学质量。学院对试用期的教职员工有专门的"入职"培训项目，这些项目主要包括教学准备、教学发展、教学评价、牛津研究介绍、导师个人角色等课程，帮助他们迅速熟悉学校的制度与文化，以尽快融入学校并胜任教学工作。牛津大学认为课程的教学质量应该尤为受到重视，因此对各学院而言，最重要的是在教学监督、研究生教学、导师教学、课堂教学这几个方面都应该有适当的制度和程序。其中，教学监督机制的范围广泛、形式多样，如聘请有经验的教学顾问、学生反馈、学生成就的检查和同行的观察等。学院对教师所开课程进行常规性监督，而对于研究生或合同制研究人员承担的课程，须进行岗前培训并进行课堂教学反馈。总之，学院应具有辅助课堂教学的相关指导及课堂教学监督方式，能对教学岗位的新任教师提供培训和监督的方法，为学生、学院或其他的教师提供对课堂教学质量投诉的程序。对于课堂教学的评估和反馈工作，学校要求院系关注三方面内容，即课堂评价、学生的出勤率及学习效果报告，并强调对课堂教学的形成性评估与最后的反馈工作。

三、系/所层面的教师评价

系/所一般在每个学期的中期（第四周左右）组织学院和学校质量检查组的成员（有时也会有校外同行共同参与）到课堂进行听课检查，检查人员在下课前当场对教师的教学方式、教学内容和学生的学习思考方式及参与课堂互动情况提出口头反馈意见。检查人员在听课后的 10 个工作日内，向院系提交书面反馈意见，教师和系/所根据反馈意见共同制订下一步的改进行动计划。若评价级别低于"满意"，系/所将为该教师提供专业支持，并在下一学期再一次进行查课。若再次查课的评价级别仍低于"满意"，系/所可能会组织脱产培训或安排其到非教学岗位工作。反之，系/所会将听课记录存档。

系/所在学期末会对教师授课思路的清楚和可理解程度、发放资料的针对性和有用性、讲课内容的趣味性和启发性、课程的组织和相关性、课堂材料的针对性和有用性、课堂内容的趣味性和启发性等方面的满意度进行学生问卷调查。系/所通过学生的反馈信息，基于同教师的交流，共同制订课程改进计划，并在下一学期开始实施。

四、教师评价结果的应用

牛津大学认为对教师的奖励不能简单局限于工资，还应包括其他影响个人事业成就的因素，如工作和生活的平衡，在优秀教学奖励方面，学校特别关注教师职业进步和专业发展方面的创新精神。与此同时，平等和多样性原则贯穿于监督和评价的整个过程，学校通过关注教师的（专业）发展，促进教师的职业进步。

学校每年都开展优秀教学成果和优秀教师的评选活动。通过此类活动，对教师工作绩效进行评价，便于院系对表现突出的个人和团体进行奖励，院系的所有教师都属于评选对象。在绩效考核中，院系领导可以提名员工参加，个人也可提交个人申请（申请表在学校网站有提供），在申请中，教师以往的教学文件选辑和评估结论将是有力的支持材料之一。

鉴定教师的培训需求是教师评价过程的一部分，院系会制订一个行动计划以满足这些需求。某些院系，教师培训计划可能会交给专门负责培训和人力开发的部门负责，有些院系可能会交给上级相关部门来处理，也可能是学校与院系共同来探讨制订。院系的教师培训活动主要由院系来组织提供。牛津大学的学习研究所能够提供一些对教学和职业发展有用的资源和帮助，学校的教师培训活动主要是由学习研究所来提供，这是对教师的教学和职业发展的支持。学习研究所为教师开设的课程和培训涉及教学、测评、研究、学生管理、行政以及个人发展等方面。这些项目时间短、针对性强，旨在帮助教师提高自己不足的方面。

第四节　教学质量保障的效果与经验

牛津大学在每年的英国大学综合排名（TIMES）位于榜首，这与其高质量的教学和科研是分不开的，也与教育委员会、各学部委员会等质量保障机构的工作以及学习研究所辅助工作和学术顾问工作密不可分。学校认为，提升质量的关键在于为院系在教学和研究方面提供正式或非正式的交流机制，以便传播学习和教学的先进经验；为院系提供评价教学方法和评估方法的机会，为新理念和新方法的探索提供契机；帮助院系传播在教学和其他方面的先进经验；为院系提供引入学科知识和实践的创新机制；对在职教职员工进行定期考核；学院或系/所在课程开设的前五年或更长时间内组织同行进行正式或非正式的教学评价；为所有教师和与教学相关员工提供正式或非正式的（专业）发展机会。此外，学校也认识到为学生反馈提供方便有效的渠道是提高教育质量和学术标准非常重要的部分。牛津大学为学生的反馈提供了三个渠道，即联合咨询委员会、问卷调查反馈和学生代表参与各项工作。学校开展以学生为中心的质量保障与提高工作的具体事项如下：

（1）各学部和院系委员会（学术、教学、本科生或研究生委员会）要从宏观和微观层面全面考虑学习和教学的各个方面。

（2）学院要确保学院教学方面的成果得到充分的展示。

（3）评价方式和对评价结果的反馈方式与教育委员会、各学部和院系都有关。

（4）学校提供所有课程的专业规格。

（5）学校和各学部有质量保障好的范例指南。

（6）学校通过质量保证手册为所有学院指明了质量保障工作的关键环节和关键点。

（7）学校内部开展六年一轮的学科检查，由教育委员会和各学部轮流组织，并邀请校外评估专家参与。

（8）学校教职员工的培训计划与教学中存在的问题相联系。

（9）奖励与学生的进步及成绩相联系。

（10）外部咨询委员会（网络式）应鼓励外部人员（来自工业界、职业同行和区域团体）参与到主要学科和院系的评价与发展中来。

（11）众多学术服务部门通过用户调查、反馈机制和学生代表座谈等形式来反映用户需求，并制订相应的服务计划。

（12）学校在统一的学术规范体系下鼓励本校相关院系在学科领域的多样化发展。学校认为这种多样性是值得珍惜的，这是大学的特征之一，也是提高所有学生个人教育经历质量的主要途径。

（13）学校认为应制定更多的书面资料（诸如学生手册这类资料在以往的几十年间都是受欢迎的）。同时意识到导师对学生每周一次的个人指导的重要性，因为这样可以根据学生的实际情况开展指导，以及时发现和解决问题。

总之，近年来随着全国性正式的质量保障方法逐渐替代了非正式的传统的质量保障方法，检查方法趋于严谨，学校内部质量保障框架的建设取得了重大进展。在此背景下，学校的学术规范体系也得到了发展，主要体现在以下四个方面：划分了明确的职责界限，以政策文件和规章制度的形式更加明确地表述了大学的要求，各学部和院系进一步巩固了质量保障好的做法，提供更多更为明确的质量保障指导和质量信息。牛津大学在质量保障方面坚持年度定期检查，在质量提高方面坚持对好的做法进行总结，确保了政策的一致性，并积极推广质量提高方面的观念。

笔者通过对牛津相关文献资料的查阅和分析，并结合在牛津的学习体验，对牛津大学教学质量保障体系的特点概要总结如下：第一，注重质量理念和文化的引领与积淀；第二，注重质量保障相关制度的建设与有效执行；第三，外部同行和专业机构参与学校内部的质量保障过程，充分发挥学校各种委员会的作用；第四，以学生为本；第五，强调专业的教育质量，课程模块的评估是系/所的常规工作（每学期都进行）；第六，学校注重教师的专业发展。综上所述，从牛津大学的教学质量保障体系中可以明显感受到其以课程为核心、以学生为本、注重教师的专业发展等突出特点。

第五章 英国高等教育质量
保障体系的特点与启示

本章主要就英国高等教育质量保障体系的特点，从内、外两方面做一个概要总结。在此基础上，归纳出对我国高等教育质量保障的研究和实践具有借鉴意义的内容。

第一节 高等教育外部质量保障体系的
特点与启示
——以院校审计为例

高等教育在满足一定数量的需求之后，势必将工作重心落于对质量的要求，而质量时代的关键在于规范的建立与执行、完善与发展，高等教育质量保障的形式、侧重点等都体现着一定阶段各利益相关者对高等教育质量及其保障活动的规范性要求。这种规范性要求具有动态性和发展性，同时高校也需要多样性和自主性发展的空间。鉴于此，对院校层面的高等教育外部质量保障活动而言，其作为保证和促进高教质量的重要辅助力量，应该遵循这些特性，更好地致力于高校内部质量保障体系的科学建设、有效运行与可持续发展，最终服务于高教质量的保证与促进。

从这些方面看，英国的院校审计可谓是高等教育质量保障制度中的重要创新性设计，其一方面可实现对院校的问责，另一方面又以尽可能少的干预和打扰服务于保障和促进院校内部质量保障体系的有效性，为各院校的特色化发展留下足够的空间。院校质量审计的特点主要包括以下几个方面：活动上所体现的辅助性与服务性；主体间所体现的督促性与协作性关系；制度设计上所体现的"趋小干预性"、灵活性和中介性；内涵上所体现的动态性与发展性。总之，从院校审计的设计理念、原则、制度的完善度与执行力、对公众问责的有效实现性、对高校多样性和自主性发展给予的空间、始终以高校内部质量保障体系的建设为核心等角度加以考察，对于我国高等教育质量保障的发展，特别是对外部质量保障活动中所遇到的问题具有一定的参考价值。

具体而言，英国大学的质量文化与质量保障体系建设对我国高等教育外部质量保障体系的建设有以下几方面启示。

1. 院校审计作为高等教育外部质量保障方法，其设计理念与原则对我国外部质量保障活动的改革与发展，以及为进一步扩大我国高校办学自主性准备合适的外部管理环境具有一定的借鉴意义

我国高校的办学自主性一直以来都是学界和实践领域所密切关注的问题之一，从长远发展趋势看，自主性必然沿着进一步扩大的方向拓展。一方面，我国高等教育外部质量保障体系的建设需要顺应这一发展趋势，不能为评估而评估，更不能因此而适得其反，须考虑如何与高校内部质量保障体系有效衔接与联合，发挥好其作为重要辅助力量的作用；另一方面，在遵循高校自主发

展的同时，保证基本的问责，向以资源投入者、成本分担者为主的利益主体提供对高校进行必要外部监督的中介性服务。

2. 英国院校审计工作在组织、管理中的一些做法对我国高教外部质量保障机构在组织与管理工作上有借鉴意义

首先，负责机构应具有第三方独立性，其人员结构应能合理体现各方利益。英国院校审计的组织机构——英国高等教育质量保障署（QAA）本身就是一个非营利的第三方独立机构，其工作以高等教育的重要性、学者的权利、高等教育提供者责任感的重要性和高等教育公共利益的有效性这四个核心价值为基础，将公正性、专业性、责任性和公开性作为工作标准。其次，审计员及审计秘书选拔应具有标准性、公开性与程序性。最后，审计活动遵循"更轻接触"原则，在执行程序上在保持效能的基础上进行尽可能的精简，以尽量减少对正常教学秩序的打扰，减轻校方负担。例如，2006 年开始的第二轮审计一方面将审计周期从 5 年改为 6 年，另一方面单所院校的审计时间从 40 周缩短为 28 周等。

3. 英国对院校审计活动评价反馈的常规化与改进措施的及时性对我国构建发展性的高等教育外部质量保障机制具有参考价值

首先，定期对院校审计活动加以评价，为工作的改进提供参考。其次，及时掌握和有效判断高等教育国际市场的走向，并及时进行"接轨"工作。加强与欧洲高等教育区质量保障活动的联合正是一个很好的例子，此行动同时将英国的学术规范体系（Academic Infrastructure）和欧洲高等教育质量保障标准与指南（ESG）作为审计的外部参照标准。可见，即便是其首创的模式，也不忘根据现实情况的发展动态对外来元素进行有效嫁接，以发展性、国际化的思路保持和强化其生命力。

从世界范围看，院校审计的方法得到了广泛的应用，在英国之外有不少国家也在其高等教育质量保障体系中采用了质量审计方法，如新西兰、澳大利亚、瑞典、芬兰、挪威等。尽管如此，院校审计也不是一个完美无缺的外部质量保障模式，即使是在英国，也在实施中不断进行着调整和改进。对于我国的相关工作，一是不能生硬照搬，需要本土化；二是不能只简单地对概念进行引入，需要结合我国高等教育及其质量保障的实际情况与发展诉求来理解和运用，将之置于我国高等教育逐渐拓展高校办学自主性、加强教学投入、密切关注学生全面发展、有效促进教师专业发展的进程中加以思考；三是要注意保证高等教育质量保障体系的多元化，如发展专业认证与之形成有效的互补。总之，要使我国的高等教育以质量的提高和结构的优化更好地服务于社会需要。

第二节　大学内部教学质量保障体系的特点与启示

——基于对英国四类不同院校问卷调查和访谈的结果分析

英国的高等教育质量保障体系建设有着较长的历史，在高校内部教学质量保障体系建设中有着更多的经验总结与实践成果。笔者在牛津大学访学期间选取了英格兰四类大学进行个案研究，在研究数据的收集过程中主要采取了问卷调查和访谈两种方式。其中，问卷调查部分的问卷设计主要基于对英国高校教学质量保障体系的相关文本资料以及 QAA 审计报告的分析，整个问卷由若干封闭式问题和开放式问题组成。问卷调查调研对象主要集中于学校负责本科教学质量保障工作的相关人员，这主要是考虑到反馈的结果有效性，受访者需要对本科教学质量保障的情况有比较全面的了解；同时考虑到质量保障属于学校宏观政策的范畴，涉及的人员相对有限，故而采用小样本调研，样本容量为 30 人。本次调查通过专业的问卷调查网站（www.surveymonkey.com）进行，最后收到反馈 14 份，反馈率为 47%。在访谈部分，调研对象主要是学校负责本科教学质量保障工作的主管领导，访谈围绕大学怎样管理和运行本科教学质量保障体系这一主题展开。同时，为尽可能翔实地了解他们对教学质量保障的理解与看法，调研主要采取了半开放式深度访谈的形式。

基于对英国高校内部质量保障实践活动的研究，进一步结合对四类院校的个案研究及调研结果，就英国高校内部教学质量保障体系的特点总结如下，以期对我国高校内部教学质量保障体系的建设有所借鉴。

一、英国高校内部教学质量保障体系的形成具有较为显著的外生性特点

英国高校自治的传统在很大程度上造就了高校教育质量管理方法各异的格局，直到 1990 年，大学校长委员会领导的学术审计处（Academic Audit Unit，AAU）对英国所有大学进行学术质量审计（Academic Quality Audit），使这一格局受到了较大的影响。该项审计的重点在于，检查各类大学的内部教学质量保障机制在多大程度上有利于实现自己制定的质量目标，即教学质量保障机制的有效性。自此，许多大学逐渐开始制定本校的学术标准，成

立教学质量委员会或质量管理机构，并根据学术审计处 1991 年制定的《审计人员指导手册》和大学校长委员会制定的《实践准则》进行相应的自查自评工作。至 2002 年，英国高等教育质量保障署（QAA）开始采用院校审计（Institutional Audit）方法对英格兰和北爱尔兰的所有院校进行审计，该项审计的重点还是在于关注院校内部质量保障机制的有效性，与以往质量审计不同的是QAA制定了全国统一的质量保障框架（Quality Assurance Framework，QAF）和《院校审计手册》，强调院校要遵守全国统一的质量标准与学术准则，这促使各院校根据全国统一的质量标准及自身的实际情况，建立并完善本校的内部质量保障体系，这也促成了如今英国各院校的内部质量保障体系愈发规范化，并开始具有了一些共性。以英国高校质量保障的历史及相关高等教育质量保障运动的发展作为观察视角，不难发现，英国院校的内部教学质量保障体系主要是由外部质量保障活动推进的，其形成具有较为显著的外生性特点。

这种外部质量保障运动推动高校教育质量保障体系规范化的做法的意义在于，鼓励高校质量保障经验在院校内外的交流与传播，在教学管理、教学方法和教学内容等方方面面激发出更多的优良做法并贡献于高等教育，从而促进立足持续改进的高等教育质量保障体系的良性发展。其意义并不在于行为的一致性，因为社会对人才培养的要求是基于多样化、多层次需求的结构与质量的追求，立足持续改进的有效性和多元化发展应该是高等教育质量保障体系健康发展的基本要求，这种规范化为此而生，其意义方可体现。

二、注重质量文化的培育与积淀，关注学校声誉

在英国，无论身处老大学还是新大学，均不难感受到它们对校园质量文化培育与积淀的注重，学校常常通过各种途径宣传自身的质量理念，推广在教学质量保障方面的优良经验，关注自己在人们心目中的声誉。关于这些方面，从英国众多高校的实践来看，积极推动学校内部形成自觉维护质量的舆论氛围是使教育质量得到保证的重要动力之一。在实践中，校方通过印制和发放各类教育质量保障手册、课程手册等进行全面推广，使全体师生了解学校的学术标准，从而形成自觉维护学校学术质量声誉的良好氛围。

毋庸置疑，一所学校的声誉在极大程度上与其教学和科研的质量密切相关，学校声誉很重要的一部分就是在长期的教师专业发展和学生学习经历中积淀的质量文化。在办学过程中，学校需要通过培养高质量的学生得到社会的认可，与此同时使其声誉得到提升。良好的声誉使学校更有可能获得更多、更优质的资源，如在世界范围选聘一流的教师，进而为社会培养出更多优质人才。这是一个良性循环，这一循环的起点在于人才培养，孕育土壤是质量文化，接力棒是学校声誉，全体师生都在不断地进行此项接力，高校内部质量保障体系在内容上包含之，又在功能上服务之。

三、学校定位合理，人才培养目标明确，质量标准切实可行

学校根据自身的合理定位和明确的人才培养目标，确立一个

恰如其分、切实可行的教学质量目标或标准，这是教学质量管理活动对教学质量保障工作发挥有效指导作用的重要前提。从英国高校的实践来看，普遍而言，在院校内部质量保障过程中的各项工作关注点面结合、关注总体目标的统领作用、关注特色建设。整体上看，质量保障工作从学校的定位、使命、战略发展目标、人才培养目标和各类质量标准的确立，到师资队伍建设、专业与学科建设、专业培养目标与计划的制定、课程设置以及教学大纲的编制，再到各环节的课堂与实践教学活动，均从不同的点和面围绕一个总体目标来开展人才培养活动。并且，各院校注重通过利用较为充分的办学自主空间来形成自身的特色，学校内部的各院系同样如此。

由此可见，合理的定位、明确的人才培养目标以及切实可行的质量标准，既对高校和二级院系的质量保障起到了指导与规范作用，也在"合理、明确和切实可行"的前提下为学校和二级院系保留了自主发挥的空间，这对于特色建设及创新而言，弥足珍贵。

四、关注教学质量保障体系的制度化建设，尊重院系和师生的自主发展空间

首先，英国高校教学质量保障体系建设的经验表明，学校合理运用外部参照标准，根据自身实际需要建设一系列规范的政策文件，这是高校质量保障工作顺利开展的重要制度前提。

这一点在访谈和问卷调查中均得到了较为充分的体现，受访的各位院校领导一致认为，《教育质量与学术标准保障手册》作为指导整个学校工作的总领，是学校学术政策和质量框架的主要组成部分，各院系都必须遵循。当然，各院系在遵循学校总体政策

的基础上，可以根据本院系的实际情况进一步制定相应的规章。在问卷调查中，46%的受访者认为，院系在遵循学校统一的总体质量政策和标准（如《质量保障手册》等）的情况下，具有一定的自由度，能够保持一定程度的特色。总体而言，这种自上而下、由粗至细的制度制定进程，在保持学校的统一性与院系的多样性之间起到了有效的协调作用。实践证明，无论是学校与外部的质量保障机构（如 QAA）在政策、制度上的一致性，还是院系与学校之间在政策、制度上的一致性，均可大量减少在实施中可能产生的矛盾，有利于工作效率的提高。

其次，制度或规则在先，评价标准明确并公之于众，使大家明确了解相关内容，这对于高校质量保障的管理与实施、对于学校乃至师生自主发展空间的保障都十分重要。具体而言，如对于某项工作，适合何种资质的人承担及具体的工作标准、评价的标准和方法、评价结果的使用；对于外部质量保障活动，如何准备接受外部的评价或如何去评价某项工作；对于权益保障，如果不满应如何寻求自身的权利保障（通过何种途径向谁投诉）等，均应如此；又如，牛津大学在学生入学时就会发一本考试手册，厚如词典，规定细至考试所穿服饰，或许看来有点古板，但对学校而言，这体现着校园文化的传统，是一种制度的标志，宝贵的不是形式，而是这种形式背后的规则与文化的积淀。而这种总体上的统一，更确切地讲，应该是规范，并不妨碍教学与科研工作中的多元化发展，学校会在统一的学术框架下，通过单独的教学大纲等让各学科领域的师生去追求合理的多元化发展。

总之，学校在关注教学质量保障体系制度化建设的同时，也应充分认识到人才培养过程及成果中尊重多样性发展的弥足珍

贵，并认为这是大学的应有特征之一，也是提高所有学生教育经
历质量的重要途径。

五、关注质量保障工作的组织效率，关注功能性机构的建设

通过英国高校质量保障的组织体系可以看到，首先，在顶层
设计中，学校的教育委员会负责学校层面的政策制定、对外交流
和决策的选择，对学校的整体教育质量和学位标准负责。其次，
在基层部门，各系/所是落实具体质量保障工作的执行主体。再
次，在中间层面，各学部和学院委员会在其中起到协调作用。对
此，问卷调查统计结果显示，27%的人认为学校在处理统一与个
性之间的关系时，主要通过学校的一些团体（如学院联合会、学
部等）加强学校和院系的沟通与交流，从而寻求两者间的平衡
点，保证双方权利。最后，从质量保障工作的整体来看，组织体
系呈"工"字形布局，重点在两头，中间层面在保证有效沟通效
能的前提下力求精简。实践表明，这一组织体系既可保证政策的
统一，又可使质量保障工作及相关资源落到实处，提高组织的工
作效率。

此外，学校还设有专门的高等教育研究院或学习研究所，为
学校的教学提供研究支持和教职员工的职业发展提供培训，以便
在直接促进学生学习经验和教师专业发展方面发挥更大的作用。

从英国高校关注质量保障工作组织效率和功能性机构的建设
看，对于提高高等教育资源在质量保证和促进中的利用效率是有
益的。其中值得一提的是，在提高组织效率的过程中，制度与标
准建设的科学合理性、明确性与执行力是重要的前提，而在质量

保障功能性机构的建设中，重点在于关注教职员工的专业发展，这一落脚点实实在在切中了推进教学质量保障工作的重中之重。

六、以学生为本，积极推进高校教学质量保障活动的学生参与进程

在高校教学质量保障活动中引入学生的正式参与，可以说是英国高校质量保障体系的重要特点之一，而在校内各院系的质量保障活动中也有此类规定。

在实践中，无论是高校的自评，还是评估机构的访查，学生都被置于重要位置。从具体细节看，关注学生在质量保障活动中的地位与作用主要表现在以下两个方面：一是在质量标准方面注重体现学生的利益；二是在制定教学质量标准与专业课程设置标准的过程中，重视学生代表团体的参与以及他们所提的意见或建议，而从学校及质量保障机构在教学质量评价过程中的调查对象选择看，并非局限于在校或应届学生，还包括往届毕业生及其用人单位，并为他们提供多渠道的反馈途径，这充分体现了高等教育以学生为本的理念。在访谈中，约半数院校领导认为，在学校的教学质量保障中最重要的是学生的学习经历和培养学生如何去思考。其中，有位院校领导谈道："目前，我们的（教学）质量保证已经很成熟了，所以重点就放在了教学质量的提高上……2007~2009年的教学战略是建立在学习调查的基础上制定的……我们大力推进探索式学习、课程和实践等，我们一直都鼓励独立式学习和以学生为中心的教学。"

高校教学以学生为本，首先就是要将学生权益置于首位，并将此体现于质量保障的制度与标准建设；其次就是要全面了解、

分析和重视学生的真实感受与合理需求，体现学生参与教学质量保障过程的切实效能，而非走个过场或流于形式，从而服务于教学质量保障。

七、切实关注专业与课程质量，以此为教学质量保障的重要抓手

从英国的实践来看，在高校教学质量保障的整个过程中，均十分强调专业的教学质量，而对于专业的审批、设置及其质量监督，均建有一套完整的质量保障体系。在专业内部，其质量保障的重点主要在于抓好每一门课的教学质量。为此，高校在教学质量保障过程中，除了对专业进行的定期检查和接受外部专业机构专业认证，各院系每学期还会对各个课程模块进行评估，并且后者已成为各系/所的常规工作之一。调研反映出，从教学质量保障的层面看，专业与课程是英国高校开展教学质量保障工作的重要抓手。

学校以此为抓手，在实现教学质量管理对于教学工作的推进效能并尽可能地减小其对此的干扰之间，寻求到了一个较为理想的落脚点。换言之，这至少在学校层面是一个较为理想的把握人才培养质量的综合评价点，也避免了因管理过细给师生正常"教"与"学"带来的干扰。

八、关注教师专业发展

在英国高校内部教学质量保障体系的运行中，各学校均十分重视学生、用人单位对教师的反馈信息，并结合每年的教师考核工作（学校和院系对此有明确的考核标准和程序），安排与教师

进行交流。此后，校方会与教师共同制订有针对性的学习培训计划，以帮助教师学习专业知识及提高自身素养。对此，一些学校有着较为全面的认识和具体的做法，如牛津大学认为，对教师的奖励不应仅局限于简单的工资，还应包括其他影响教师个人事业成就的因素，如工作与生活的平衡等。此外，学校还特别关注在职业进步和专业发展方面的创新精神，重视优秀教学方面的奖励。在监督和评价过程中，学校十分重视贯穿其中的平等性与多样性原则，保证监督与评价工作重在以积极的行动服务于提高教学质量的真实效用，而在促进教职员工专业发展提高学校教育质量的过程中，学校重视对于多样化教师培训方式或措施的开发和实施。

九、教学质量保障方法的多样化

教学质量保障方法的多样化也是英国高校教学质量保障体系的显著特点之一。在英国的高等教育质量保障体系中，各院校除了接受外部的院校审计、法定或专业机构的专业认证、政府定期的检查和社会监督以外，在院校内部还有着多种质量保障方法来保障教育质量和学术标准，包括学校层面的外部监考员制度、周期性全面检查、定期的学科专业评估以及系/所层面的年度课程模块评估和日常的课堂教学质量监控等。例如学校的周期性检查（Periodic Review），此项工作通常五年开展一次，主要检查学校为各专业设定的培养目标和学习产出是否已达到既定的目标以及是否仍然适当，在检查中学校会聘请校外专家参与。又如校外监考员制度，此项制度是英国大学特有的考试制度和学位质量监督制度，主要作为保障学术标准可比性的一项重要措施存在，旨在保持大学之间学术标准的一致性和可比性，确保教学评价和学位授予的公开性和公正性，最终达到保证大学教学水平和学位标准的目的。再如院系层面的课程模块评估，该项工作通常在每学年末进行，主要着眼于考察课程是否有效地达到既定目标以及学生的学习产出是否有效地达到既定的要求，同时也考察专业是否有效地达到预期的目标。在整个评估过程中，院系会参考校外监考员的监考报告，专业认证报告，教职员、学生、毕业生及雇主的反馈意见等。

此外，英国高校在内部质量保障过程中还十分重视外部同行的引入、学生评教信息的有效利用、评价方式与信息收集的多元化、教学质量及其评价信息的公开等，所有活动和制度设计均旨在教学质量的保证和持续提高。

第三节　结　语

综上所述，在高等教育的发展中，包括质量保障在内的各种措施始终是手段，目的永远在于人才培养。高等教育质量保障活动的关键在于各方主体如何根据实际情况和发展需要找到准确的抓手，全面调动、协调和使用好所涉人、财、物和制度文化资源，在规范与激励、工具与效果、标准化与多样化、外部问责与自主发展等各维度之间寻求一个尽可能最佳的接洽方案，关注投入与产出效益，关注效率与公平，以文化的涵养、制度的力量、资源投入与组织的保障来养育人的规范性，引领人的主动性，激发人的创造力，最终服务于高等教育质量的持续提高与结构的不断优化。

参考文献

外 文 部 分

〔1〕Flexner, A. Universities: American, English, German. Oxford University Press, 1930.

〔2〕B. A. In Economics and Management Programme Specification. University of Oxford, 2008.

〔3〕Brown, R. Quality Assurance in Higher Education: The UK Experience since 1992. London: Routledge Farmer, 2004.

〔4〕Craft, A. Quality Assurance in Higher Education. Proceedings of an International Conference (Hong Kong), 1991-1992.

〔5〕Dearing, R. The National Committee of Inquiry into Higher Education: Higher Education in the Learning Society. Report on National Consultation. London: Higher Education Quality Council, 1997.

〔6〕Harvey, L. Quality Assurance in Higher Education in the UK: Current Situation and Issues. NZQA Conference Quality Assurance in Education and Training, Wellington, 1994.

〔7〕HEFCE. Future Arrangements for Quality Assurance in England and Northern Ireland. Policy Development Consultation, December

2009, 47.

[8] HEFCE. Higher Education in the United Kingdom. London Bristol: Northavon House, Coldharbour Lane, 2001.

[9] HEFCE. Quality Assurance in Higher Education: Proposals for Consultation, 2001.

[10] HEFCE. Report of the Sub-committee for Teaching, Quality, and the Student Experience, 2009.

[11] HEFCE. The Costs and Benefits of External Review of Quality Assurance in Higher Education. A Report by JM Consulting Ltd to HEFCE, Universities UK, SCOP, the DfES and the Quality Assurance Framework Review Group, Bristol, 2005.

[12] Kogan, M. & Hanney, S. Reforming Higher Education. London: Jessica Kingsley Publishers, 2000.

[13] Laughton, D. Why was the QAA Approach to Teaching Quality Assessment Rejected by Academics in UK HE? Assessment & Evaluation in Higher Education, 2003.

[14] Oxford University. About the Learning Institute, 2009.

[15] Oxford University. Abrief History of the University, 2009.

[16] Oxford University. Contact Information, 2008.

[17] Oxford University. Council Regulations, 2002.

[18] Oxford University. Division, 2009.

[19] Oxford University. Oxford People, 2009.

[20] Oxford University. Protocol for the Joint Divisional Education Committee, 2008.

[21] Oxford University. Quality Assurance Handbook, 2009.

［22］ QAA Annual Report and Financial Summary 2001-02 Pape-rback-May, 2003. Quality Assurance Agency for Higher Education.

［23］ QAA. Annual Report to the Higher Education Funding Council for England, 2005.

［24］ QAA. Annual Report to the Higher Education Funding Council for England, 2006.

［25］ QAA. Annual Report to the Higher Education Funding Council for England, 2008.

［26］ QAA. Annual Report to the Higher Education Funding Council for England, 2009.

［27］ QAA. Code of Practice for the Assurance of Academic Quality and Standards in Higher Education, 2006.

［28］ QAA. Economics. The Quality Assurance Agency for Higher Education. Mansfield, 2007.

［29］ QAA. Guidelines for Preparing Programme Specifications, 2006.

［30］ QAA. Handbook for Institutional Audit: England and Northern Ireland, 2006.

［31］ QAA. Handbook for Institutional Audit: England. Quality Assurance Agency in Higher Education, 2002.

［32］ QAA. Outcomes from Institutional Audit Institutions' Frameworks for Managing Quality and Academic Standards. The Quality Assurance Agency for Higher Education. Linney Direct, Adamsway Mansfield, 2008.

［33］ QAA. Outcomes from Institutional Audit Institutions' Fra-

Meworks for Managing Quality and Academic Standards. Quality Assurance Agency for Higher Education. Southgate House Southgate Street Gloucester, 2006.

［34］Subject Benchmark Statements，http：//www.qaa.ac.uk/academicinfrastructure/benchmark/default.asp，1998.

［35］The Quality Assurance Agency for Higher Education. Code of Practice for the Assurance of Academic Quality and Standards in Higher Education. 2nd ed. Gloucester：QAA，2004.

［36］Student Advisory Board. Quality Assurance Agency for Higher Education. Retrieved June 8，1999.

［37］The Robbins Report. Higher Education. Committee on Higher Education. Cmnd2145. London：H. M. Stationery Office，1963.

［38］Universities UK. Manifesto for Higher Education. London：Universities UK，2010.

中 文 部 分

［1］毕家驹. 国家学位标准要与时俱进［J］. 高教发展与评估，2006，22（6）.

［2］陈玉琨，代蕊华等. 高等教育质量保障体系概论［M］. 北京：北京师范大学出版社，2004.

［3］［美］戴维·林德伯格. 西方科学的起源［M］. 刘晓峰等译. 北京：中国对外翻译出版公司，2001.

［4］顾明远，梁忠义. 英国教育［M］. 长春：吉林教育出版社，2000.

［5］国家教育发展与政策研究中心. 发达国家教育改革的动

向和趋势（第六集）［M］.北京：人民教育出版社，1999.

［6］黄华.对 QAA 学位资格框架和学科基准声明的认识［J］.内蒙古师范大学学报（教育科学版），2006（7）.

［7］教育部中外大学校长论坛领导小组.中外大学校长论坛文集［M］.北京：高等教育出版社，2002.

［8］金顶兵，闵维方.论大学组织的分化与整合［J］.高等教育研究，2004（1）.

［9］刘晖.从《罗宾斯报告》到《迪尔英报告》——高等教育的发展路径、战略及其启示［J］.比较教育研究，2001（2）.

［10］吕达，周满生.当代外国教育改革著名文献（英国卷·第2册）［M］.北京：人民教育出版社，2004.

［11］桑锦龙.当前英国高等教育改革的若干趋势及启示［J］.北京教育（高教），2017（1）.

［12］王承绪，徐辉.战后英国教育研究［M］.南昌：江西教育出版社，1992.

［13］王承绪.英国教育［M］.长春：吉林教育出版社，2000.

［14］王焕现，田小刚.找回高等教育发展的驱动力——2011英国高等教育白皮书调研报告［J］.世界教育信息，2011（9）.

［15］王艳文.走出"象牙塔"服务区域发展——英国高等教育发展的启示［J］.教学研究，2014（5）.

［16］杨继霞.英国高等教育质量保障体系的发展历程及思考［J］.国家教育行政学院学报，2005（8）.

［17］邢克超.共性与个性——国际高等教育改革比较研究［M］.北京：人民教育出版社，2004.

［18］［美］亚伯拉罕·弗莱克斯纳.现代大学论——美英德大

学研究 ［M］.徐辉，陈晓菲译.杭州：浙江教育出版社，2001.

　　［19］易红郡.战后英国高等教育政策研究 ［M］.长沙：湖南师范大学出版社，2012.

　　［20］［美］约翰·S.布鲁贝克.高等教育哲学 ［M］.王承绪等译.杭州：浙江教育出版社，2001.

后 记

十年如白驹过隙，回想在牛津大学教育学院的访学经历，很多画面依然记忆犹新。

一个画面是我访学时的导师。我在牛津大学有两位导师：Gordon Stanley 教授和 John Furlong 教授，每周都要跟他们汇报、交流一次自己的学习研究进展。记得有一次，和导师约见时间是下午两点，那天 Gordon 教授在伦敦开会，会议一结束就往学校赶，到了差一刻两点，只见导师满头大汗，一手公文包、一手三明治，冲进了办公室，口中还说着抱歉。导师用 10 分钟解决了午餐，两点准时开始神采奕奕地和我讨论学术问题。那时导师提出的一些研究方法现在我们也开始尝试。这使我想到清华大学老校长梅贻琦先生的名言，确实"所谓大学者，非谓有大楼之谓也，有大师之谓也。"在影响大学教学质量的各种因素中，师资永远是第一位的。

还有一个画面是有关那里的图书馆。访学期间，除了上自己选修的课程外，我还会去听一些专家讲座和名家演讲、参加一些学术研讨会，剩下的时间大多数都泡在图书馆里。那里的图书馆除了大学"直属"的，如著名的 Bodleian 图书馆和 Radcliffe Camera 阅览室之外，几乎每个学院还有自己的小图书馆，且基本上都是

24 小时开放的。书对于一个大学的意义可以说是仅次于师资的。

再一个画面就是秋天满树的果实。到了秋天果子成熟时，你能看到树上挂满了红红的果子，但是没有人采，直到熟透了掉在草坪上，这时树的主人会将地上的果子捡到一个大箩筐里，放在自家的小院子外面，挂上一个牌子请大家分享。那是另一种"美景"。

借此书出版之际，由衷感谢我的老师、朋友和家人对我的支持、理解和帮助！你们是我生命中永恒的"美景"。

本书研究中的不足之处还望读者不吝指正。

方鸿琴

2017 年 2 月于北京